Adolph Pochhammer

Der Ring des Nibelungen

Pochhammer, Adolph

Der Ring des Nibelungen

ISBN: 978-3-86267-535-7

Auflage: 1
Erscheinungsjahr: 2012
Erscheinungsort: Bremen, Deutschland

Europäischer Literaturverlag GmbH, Fahrenheitstr. 1, 28359 Bremen (www.elv-verlag.de).

Bei diesem Titel handelt es sich um den Nachdruck eines historischen, lange vergriffenen Buches aus dem Verlag Schlesinger'sche Buch- und Musikhandlung, Berlin. Da elektronische Druckvorlagen für diesen Titel nicht existieren, musste auf alte Vorlagen zurückgegriffen werden. Hieraus zwangsläufig resultierende Qualitätsverluste bitten wir zu entschuldigen.

Cover: Ausschnitt aus der Illustration »Siegmund, der Wälsung« (1910) von Arthur Rackham.

Meisterführer Nr. 5

Richard Wagner's
Der Ring des Nibelungen

Erläutert

von

Adolph Pochhammmer

Berlin
Schlesinger'sche Buch- und Musikhandlung
(Rob. Lienau)
Wien. C. Haslinger qdm. Tobias

Alle Rechte vom Verleger vorbehalten.

Gedruckt bei
E. Haberland in Leipzig-R.

Inhalt

	Seite
Einleitung	5
Inhaltsangabe des Ring des Nibelungen	8
Das Rheingold: Vorspiel	11
Erste Szene	13
Zweite Szene	18
Dritte Szene	25
Vierte Szene	29
Die Walküre: Vorspiel	34
Erster Aufzug	35
Zweiter Aufzug	46
Dritter Aufzug	58
Siegfried: Vorspiel	68
Erster Aufzug	70
Zweiter Aufzug	79
Dritter Aufzug	90
Götterdämmerung: Vorspiel	102
Erster Aufzug	109
Zweiter Aufzug	121
Dritter Aufzug	131

Richard Wagner,
Der Ring des Nibelungen.

Einleitung.

Der Ring des Nibelungen ist **ein** einziges grosses Musikdrama welches aus vier Abteilungen besteht, oder wie der Meister in dem Titel seines Werkes sagt: „Ein Bühnenfestspiel für drei Tage und einen Vorabend. Im Vertrauen auf den Deutschen Geist entworfen und zum Ruhme seines erhabenen Wohlthäters des Königs Ludwig II. von Bayern vollendet von Richard Wagner".

Der Komponist wendet sich mithin zunächst an deutsches Empfinden, denn den dramatischen Stoff entnahm der Dichter-Komponist dem alten nordisch-germanischen Sagenkreis. Dem Kenner dieser wunderbar schönen Sagen ist bekannt, dass ihren so hoch poetischen, warm empfundenen und doch so kraftvollen Dichtungen einerseits eine blühende Symbolik, andererseits aber eine tiefgehende ethische Bedeutung zu Grunde liegt. Richard Wagner war nicht nur Musiker und Dichter, sondern auch Philosoph, und so hat er denn auf den Grundpfeilern jener herrlichen Sagen, teils strenger, teils freier sich an dieselben anlehnend, teils nach Erfordernis seiner Intentionen selbstständig neugestaltend, ein Kunstwerk geschaffen, welches nicht nur in den Kunstformen, sondern auch im gedanklichen Aufbau ein harmonisches „Insichgegliedertsein" aufweist, wie es wohl schwerlich übertroffen werden dürfte.

Die vier Teile dieser Tetralogie (d. h. vier unter sich zusammenhängende Kunstwerke, die nach einander aufgeführt werden sollen) oder Trilogie (d. h. drei derartige Kunstwerke, wenn man nämlich die Dreizahl der Abende, vom Vorspiel abgesehen, als Hauptsache fasst) heissen „Rheingold", „Walküre", „Siegfried" und „Götterdämmerung". Der Grundgedanke nun, welcher jene vier Kunstwerke zu einem einzigen verknüpft, lässt sich kurz in jene Schlussworte von Schiller's „Braut von Messina" zusammen fassen:

„Das Leben ist der Güter höchstes nicht,
Der Uebel grösstes aber ist die Schuld".

Eine Götter-Schuld, ihre Folgen und ihre Sühne sind es, die das gewaltige Drama in den erwähnten vier Teilen, deren jeder ein bis zu einem gewissen Grade in sich abgeschlossenes Ganzes bildet, an uns vorüberziehen lässt. Und es ergreift uns umsomehr, als in die durch die Schuld sich entwickelnde Tragik, das Ebenbild der Götter, der Mensch, in Mitleidenschaft gezogen wird: Menschen, die auf der einen Seite uns durch ihr ungetrübt natürliches, menschliches Empfinden sympathisch berühren, wie sie auf der anderen Seite in ihrer Zeichnung als Halbgötter uns volle Bewunderung abnötigen und unser Selbstbewusstsein durch einen Vergleich mit ihnen heben, denn Menschen sind es, durch welche die Sühne der Götterschuld sich vollzieht, und sich nur vollziehen konnte durch die Götter und Menschen verbindende, allgewaltige Macht der Liebe! —

So wollen wir denn dem Autor durch Macht und Not, Freud und Leid, Leben, Lieben und Untergehn der Götter- und Menschenwelt folgen.

Zu Gunsten der richtigen Beurteilung und des besseren Verständnisses des Wagner'schen Kunstwerkes sei an dieser Stelle darauf hingewiesen, dass das Ohr des Zuhörers nicht ausschliesslich an dem Vortrage des jeweiligen Solisten haften bleiben darf. Ist dieses schon bei vielen unserer gehaltvollen Opern eine Unterlassungssünde, indem erst Gesang und Instrumentalkomposition zusammen ein Ganzes bilden, so rächt sich ein oberflächliches Beachten des Orchesters bei dem Musikdrama noch viel nachhaltiger. Denn neben der Vokalmusik soll die Instrumentalmusik und neben diesen wieder sollen die Geschwister-Künste, Poesie und die darstellenden Künste sich die Hände reichen: sie alle sollen sich gleichzeitig zu einem harmonischen Ganzen verbinden. Ganz besonders muss sogar darauf aufmerksam gemacht werden, dass Wagner die thematischen Bildungen in die Orchesterstimmen verlegt, und dass der grösste Teil der angegebenen Motive in dem Orchestersatz zu suchen ist.*)

Dieses soeben erwähnte Ineinandergreifen gleichartiger Faktoren ist sehr geeignet, dem Laien das Eindringen in das Kunstwerk des Musikdramas zu erschweren, und der Hörer muss sich in diesem Fall ganz besonders klar machen, dass es ziemlich undenkbar ist, ein tief angelegtes Kunstwerk, nachdem man es nur ein einziges Mal auf sich hat wirken lassen, in all' seinen Einzelheiten und Feinheiten zu begreifen, was ja auch dem Fachmann unmöglich ist. Möge daher das Folgende dazu beitragen, dass der Musikfreund an der Hand der Handlung und der mit Instrumentationsbezeichnungen versehenen Notenbeispiele einen getreuen Führer in das Reich dieser herrlichen Tondichtung: in die „Nibelungen-Tetralogie", finde.

---

*) Die Motive, welche für bestimmte Personen oder Situationen — Thatsachen oder Empfindungen — charakteristisch sich an die Fersen jener heften oder durch ihr Auftreten die Erinnerung an jene Personen und Situationen wach rufen, nennt man „Leitmotive".

Inhalt des Ring des Nibelungen.

I. Das Rheingold (Vorabend).

Auf dem Grunde des Rheines, von den Rheintöchtern bewacht, ruht das Rheingold. Der Beherrscher der Nibelungen, Alberich, der vergeblich um die Gunst der Rheintöchter buhlt, erfährt von diesen, dass der, der die Liebe verflucht, und aus jenem Golde einen Ring schmiedet, die Weltherrschaft erlangt. Alberich flucht der Liebe und raubt das Gold, aus dem ihm der Machtreif: „der Ring des Nibelungen" gelingt. — Die folgende Scene zeigt die von den Riesen Fasolt und Fafner neu erbaute Götterburg Walhall. Wotan weigert sich den Bau, wie er gelobt, mit der Auslieferung der Jugendgöttin Freia zu bezahlen. Der Feuergott Loge, der nach einem Ersatz ausgesandt war, erzählt, dass die Rheintöchter klagten, Alberich habe ihnen das Gold geraubt und daraus den weltbeherrschenden Ring geschmiedet. Auf Loge's Rat steigen Wotan und er in die Unterwelt, um Alberich die unermesslichen goldenen Schätze, die er infolge seiner Macht schon erlangte, zu entreissen, denn die Riesen sind zufrieden, wenn sie statt Freia den Nibelungenhort erhalten. Alberich wird mit List bezwungen und muss den gesamten Schatz, mit ihm aber auch den Ring herausgeben. Alberich verflucht den Ring: er soll jedem Besitzer Unglück bringen. Wotan, anstatt dem Rheine das Gold wiederzugeben, reisst den Ring an sich; trotzdem er ihn den Riesen als Lösegeld ebenfalls überlassen muss, hat der Gott eine Schuld begangen, die sich rächen wird, und der Fluch des Ringes lastet auf dem Göttergeschlecht. Die Riesen geraten ob des Ringes in Streit und Fafner erschlägt seinen Bruder Fasolt, um Schätze und Ring an sich zu reissen. Die urweise Seherin Erda prophezeit infolge der Götterschuld den Untergang der Götter; diese aber ziehen im Vertrauen auf ihre Stärke in Walhall ein, während die Klage der Rheintöchter mahnend zu ihnen hinaufdringt.

II. Die Walküre.

Es muss vorangeschickt werden, dass Wotan, von Erda's Weissagung erschreckt, diese aufgesucht hat, um mehr zu erfahren. Erda kündet ihm, dass die Götterschuld nur durch den Götteruntergang gesühnt wird, der den Göttern von Alberich's Scharen drohe, wenn dieser den Ring wiedergewinne; es sei denn, dass ein Held unbeeinflusst und unbeschützt von den Göttern, dem Rheine den Ring wiedergebe. Wotan der das Ende als unvermeidlich sieht, will wenigstens verhüten, dass dieses von Alberich herbeigeführt wird: Erda hat ihm neun Kinder, die neun Walküren, geboren, die sollen für Walhall die auf irdischer Walstatt gefallenen Helden küren, welche später im Kampfe gegen Alberich den Göttern helfen. — Mit der Begegnung der Zwillingsgeschwister Siegmund und Sieglinde, Sprösslingen Wotan's und einer Erdgeborenen, beginnt die „Walküre". Sieglinde wird von Hunding geraubt und zur Ehe gezwungen; Siegmund, der mit dem Vater — die Mutter wurde getötet — noch eine Zeit lang die Waldungen durchstreift und unter Kampf und Mühsal zum kühnen Helden erstarkte, verliert auch Wälse den Vater, wie sich Wotan ihm gegenüber genannt hat (daher das Geschlecht der Wälsungen), dessen Verschwinden ihm unaufgeklärt bleibt, und kommt, vor Hunding's Sippen flüchtend, zufällig in dessen Haus. Siegmund und Sieglinde, erst ohne sich zu kennen, dann aber wissend, entbrennen in Liebe zu einander und flüchten aus dem Hause Hunding's, nachdem Siegmund das heilige Schwert Nothung, welches Wotan für ihn in den Eichstamm gestossen, herausgezogen und mitgenommen hat. Hunding, der ihn ohnedem als Feind verfolgt, ruft Fricka als Beschützerin der Ehe an, Siegmund zu strafen. Wotan hatte geglaubt in Siegmund den Helden zu finden, der den Ring dem Rheine wiedergebe; und weigert sich anfänglich Fricka's Verlangen: „Siegmund falle!" zu erfüllen, doch sie beweist ihm, dass Siegmund kein freier Held sei, denn Wotan habe ihn durch seinen Einfluss stark gemacht und ihm das Siegschwert Nothung verliehen So muss Wotan den Tod Siegmund's der Brünhilde, seiner Lieblings-Walküre, anbefehlen. Die Walküre aber von Mitleid bewegt, schützt Siegmund im Kampfe gegen Hunding, sodass Wotan selbst einschreiten muss: Siegmund's Schwert zerschellt an Wotan's Speer; Hunding tötet den waffenlosen. Brünhilde rettet nun Sieglinden, der sie die Geburt eines Sohnes verkündet, wird jedoch von Wotan zur Strafe für ihren Ungehorsam in tiefen Schlaf versenkt, und wer so die Wehrlose findet, soll sie als Weib heimführen. Ihren Bitten aber kann der Gott nicht widerstehen und umgiebt ihr Lager mit einer Flammenmauer, die nur Siegfried, der Sieglinden verheissene Sohn durchschreiten soll.

III. Siegfried.

Siegfried, den Sieglinde in einer Waldhöhle sterbend gebar, wird von dem Zwerg Mime aufgenommen und erzogen, um durch ihn einst Fafner, der, in einen Drachen verwandelt, Hort und Ring hütet, zu bezwingen. Siegfried aber hasst den Zwerg, der ihm seine Herkunft so lange es geht, verschweigt. Siegfried zwingt ihn von seinen Eltern zu erzählen, erfährt seinen Namen und auch, dass seine sterbende Mutter für ihn die Stücke Nothung's als einziges Erbe an Mime gab. Mime der lange vergebens die Stücke zusammenzuschweissen versucht hatte, muss ihm dieselben zeigen, und was dem Zwerge nicht gelang ihm ist es möglich: er schmiedet sich Nothung neu und tötet den Drachen, von dem er auf Mime's Anraten das Fürchten lernen sollte; denn Mime war von Wotan, der als Wanderer verkleidet ihn aufgesucht hatte, prophezeit: das Leben des Drachens und sein eigenes würden dem angehören, der das Fürchten nicht kenne. Das Drachenblut benetzt zufällig die Lippen Siegfried's, wodurch ihm die Fähigkeit verliehen wird, die Vogelsprache zu verstehen. Dem Rat eines Waldvögleins zufolge entnimmt er dem Hort Tarnhelm und Ring, tötet Mime, der ihn mit einem Gifttrank umbringen wollte, um seinerseits den Ring zu erbeuten, und erweckt Brünhilden trotz der Gegenwehr Wotan's, dessen Speer er mit demselben Schwerte zerhaut, das einst an jenem zerbarst: er ist der freie Held, der ohne Götterschutz seinen Weg geht! Brünhilde aber verschmerzt den Verlust ihrer Walkürenschaft als liebendes Weib an Siegfried's Seite.

IV. Götterdämmerung.

Die Nornen, d. h. Schicksalsschwestern, künden den Weltuntergang. Denn nachdem der Speer Wotan's zersplittert ist, hat der Gott die Weltesche, deren Stamm der Speer entnommen ist, fällen und die Scheite um Walhall schichten lassen. Seine Boten, zwei Raben, sendet Wotan aus, und wenn diese mit guter Botschaft heimkehren, dann wird er die Stücke seines Speers in die Lohe tauchen und damit die Scheite um Walhall in Brand setzen, denn dann beginnt der Untergang der Götter: die Götterdämmerung.

Nachdem er von Brünhilde Abschied genommen und ihr den Ring gegeben hat, den sie als Gabe Siegfried's nicht aus der Hand giebt, zieht Siegfried auf neue Thaten aus und kommt an den Königshof der Gibichungen, des Königs Gunther und seiner Schwester Gutrune. Mit jenen zusammen aber haust

Hagen, ein Halbbruder Gunther's und Sohn Alberich's, des Nibelungen, der seinem Vater versprochen hat, den Ring für die Nibelungen wiederzugewinnen. Um Siegfried in sein Verderben zu locken, lässt er ihm durch die von Siegfried's Vorleben nichts ahnende Gutrune einen Vergessenheitstrank reichen, der alle Erinnerung an Brünhilde in ihm tilgt und ihn an Gutrune bindet. Gunther, dem von Hagen Brünhilde als schönstes Weib geschildert war, bittet Siegfried, für ihn das Feuer zu durchschreiten und ihm Brünhilde zu werben, was Siegfried auch, mittelst des Tarnhelms in Gunthers Gestalt verwandelt, ermöglicht, nachdem er ihr den Reif, den er ihr selbst als Brautgabe seinerzeit geschenkt hatte, entrissen. Brünhilde merkt, als sie Siegfried am Hofe der Gibichungen sieht, an dem Ring an seinem Finger, dass nicht Gunther es war, der sie bezwang, und offen gesteht sie: dem Manne dort (Siegfried) bin ich vermählt Gunther glaubt, dass Siegfried seine Ehre geschädigt habe, und Brünhilde klagt Siegfried des Betrugs an, sodass Hagen jetzt einen Grund hat zum Tode Siegfried's zu raten, den er im Verein mit Brünhilde und Gunther beschliesst. Kurz vor seinem Tode bitten die Rheintöchter den Helden noch einmal um den Ring, doch er verlacht ihre unheilvollen Prophezeiungen, und so trifft ihn Hagen's Speer in dem Augenblick, als er von der Jagd ausruhend die Erlebnisse früherer Zeiten erzählt und, nachdem ihm Hagen durch einen Trank die Wirkung des Vergessenheitstrankes getilgt, selbst seine Verbindung mit Brünhilde mitteilt. Gunther und Gutrune durchschauen nun den Trug Hagen's. Aber auch Brünhilde ist über Schicksal und Schuld aufgeklärt, denn die Rheintöchter haben ihr alles erzählt. Gunther, der an der Leiche Siegfried's Hagen wehren will, den Ring an sich zu nehmen, wird von jenem getötet. Doch auch Hagen erhält den Ring nicht: Brünhilde nimmt den Ring an sich und sprengt auf ihrem Ross in den brennenden Scheiterhaufen, auf dem Siegfried gebahrt liegt. Die Raben Wotan's fliegen zu ihrem Herrn, ihm die erlösende That und damit die Götterdämmerung zu künden. Dem anwachsenden Rhein entsteigen sodann die Rheintöchter und nehmen den Ring an sich, während sie Hagen, der den Ring zu gewinnen in die Flut springt, mit sich hinabziehn.

So vollzieht sich durch die Macht der Liebe, die Brünhilden mit Siegfried im Tode eint, die That der Erlösung; denn wie das Feuer den goldenen Reif läutert und die Fluten ihn vom Fluche reinwaschen, so läutert Brünhilde mit dem Beispiel ihrer erhabenen Liebe die Anschauungen einer alten Welt, die sie rein wäscht vom Fluch des Egoismus und Materialismus, um dafür einzusetzen: die ideale, makelfreie allgewaltige Liebe, die den Menschen schon auf Erden Göttern gleich macht!

I. Das Rheingold.
Vorabend zu der Trilogie.

Die am Rand vermerkten Seitenzahlen geben die Stellen im Textbuch (Verlag von B. Schott's Söhne, Mainz) an.

Das Vorspiel zum Rheingold ist ein Meisterwerk in jeder Beziehung, denn es ist dem Künstler gelungen, was der Kunst als Ideal vorschwebt, hier erreicht zu haben: den Sieg des Geistes über die Materie. Hier sind es nicht mehr Menschen und Instrumente oder hohe und niedrige, leise und laut erklingende Töne, hier ist es ein geheimnissvolles Weben und Wirken, das Walten elementarer Kräfte; und mit verhaltenem Atem lauschen wir dem ersten Ton des Vorspiels:

Der Urzustand der Ruhe, eine Ewigkeit, für deren Verlauf uns jedes Maß fehlt, wird illustriert durch das in Octaven verdoppelte Es der Kontrabässe, welches von Anfang bis Ende des Vorspiels ohne jegliche Unterbrechung, als Grundlage des Seins und Werdens, sich hören lässt. Der Ton, welcher vom Fagott im 5. Takt hinzugebracht wird (die reine Quinte B) ist mit feinem Verständniss der Eigentümlichkeit des Zusammenklangs beider gewählt worden, denn er stört uns nicht, sondern verstärkt nur in uns das Gefühl der Erwartung dessen, was werden soll. — 16 Takte hindurch währt jener geheimnissvolle Zweiklang . . . . Da regt es sich in der Tiefe:

2.

Horn.

Die bisher schlummernden Kräfte streben nach einer Bethätigung, und das Emporwachsen der Kraft giebt sich aus der dem Grundton entkeimenden Tonfolge kund. Atom reiht sich an Atom — Ton an Ton; ein Kraftcentrum hat sich gebildet. — Die harmonische Unterlage für eine Melodie-Entfaltung ist gefunden, und nach 32 Takten tritt zu dem bisher rein harmonischen das melodische Element „des Werdens", Entstehens, aus dem Material des Urzustandes hinzu:

3. (Werde-Motiv.)

Fag. I.
Fag. II.

Mit diesem Motiv des Werdens führt uns der Tondichter aus der Welt der Symbolik in die Wirklichkeit: wir werden an den Ort der Handlung zu Beginn des Dramas versetzt. Wir befinden uns in den Tiefen des Rheinstroms, dessen auf- und niederwogende Welle uns der Komponist in dem Wellenmotiv zeichnet:

4. *p* (Wellen-Motiv.)

Vcl.

etc.

wobei auf die Ähnlichkeit zwischen Motiv 3 u. 4 zu achten ist, indem diese uns den Zusammenhang zwischen dem Werden und dem Gewordenen (den Wellen) veranschaulicht und eine Verbindung der Welt des Abstrakten mit dem Konkreten herstellt.

So heben und senken sich in ruhiger, sich gleichbleibender Bewegung die Wellen, nachdem Thema 2 sich,

Vorspiel und I. Scene (Textbuch S. 5 und 6).

auch in Umkehrung: von oben nach unten, in den Hörnern entfaltet hat. Nach 81 Takten verdoppelt sich die Bewegung von Motiv 4 und 3, während Thema 2 und seine Umkehrung in ihrer Ruhe verharren. Mit der lebendigeren Bewegung wird auch die Instrumentation voller. Den schon vorhandenen Streichinstrumenten, Hörnern und Fagotten, denen sich zunächst Flöten zugesellt hatten, folgen nunmehr Klarinetten, Oboen und Englisch Horn.

Mehr und mehr flutet der Wogenschwall. Da löst sich (im 129. Takt des Vorspiels) Motiv 3 in den Holzbläsern in eine fliessende Skalenfigur auf. — Die Wogen glätten sich, die Klangfarbe der Instrumentation wird durchsichtiger, der Vorhang hebt sich, und wir blicken in die kristallene, smaragdschimmernde Tiefe des Rheinstroms.

Scene I.

Drei Rheintöchter: **Woglinde** (Sopran), **Wellgunde** (Sopran) und **Flosshilde** (Alt) umkreisen das in der Mitte der Scene aus dem zerklüfteten Rheingrunde emporragende Felsenriff, auf welchem das „Rheingold", ein güldener Schatz mit magischer Kraft, zu dessen Wächtern sie bestellt sind, ruht. Weich und melodisch wie das Spiel der Wellen hören wir den Gesang Woglinde's:

Der Gesang lockt die zweite Schwester, Wellgunde, herbei und beide wollen einander neckend fangen und tauchen in munterem Spiel auf und nieder. Flosshilde, welche die Schwestern im Spiel gewahrt, warnt die Leichtfertigen: „*Des Goldes Schlaf hütet*

ihr schlecht; besser bewacht des Schlummernden Bett, sonst büss't ihr beide das Spiel!" Doch auch Flosshilde wird in das Scherzen hinein verstrickt; Fischen gleich schnellen sie lachend von Riff zu Riff, so dass sie den ungebetenen Zuschauer, der dem Dunkel des Abgrundes inzwischen entstieg und sie versteckt lüstern betrachtet, nicht eher bemerken, bis sie seine Stimme hören. Alberich (Bariton), der Beherrscher der unterirdischen Geister,*) lässt durch seine Anrede die Spielenden mit Gekreisch auseinanderfahren. Alberich's hässliche eckige Gestalt, welche durch entsprechende musikalische Figuren trefflich gezeichnet wird, tritt mit folgendem Charakteristikum auf (6):

[Textb. S. 7.]

6.
Fag. I.
Fag. II.

welche Tonfolge die Fagotte alternierend mit den Bass-Klarinetten (der tiefsten Klarinetten-Art) vortragen. Der Halbtonschritt, hier als Untersekunde, wird im späteren Verlauf als Vorhalt der Obersekunde in einem mit Alberich's Thätigkeit und Charakter verknüpften Motive, dann „Frohn- (d. h. Knechtungs-) Motiv" angewandt. Zuerst erschrecken die Mädchen, dann aber beruhigen sie sich; *„Nun lach' ich der Furcht: der Feind ist verliebt!"* ruft unter dem Gelächter der Schwestern Flosshilde. Das nun beginnende Gespräch zwischen den Rheintöchtern und Alberich ist vom Komponisten mit ausserordentlicher Feinheit behandelt. Alberich fordert mit begehrlicher Rede, dass die Schwestern zu ihm hinabtauchen; eine nach der andern geht mit verstellter Schmeichelrede scheinbar auf des Zwerges Verlangen ein, und sie veranlassen ihn von Fels zu Fels zu klettern, was dem Ungeschickten in dem ihm fremden Element auf schlüpfrigem Gestein herzlich schwer wird, um ihm nachher mit Spott zu entfliehen. Als ihn auch Flosshilde, um deren

[S. 8 bis 12]

---

*) Der Schwarz-Alben (auch mit dem Worte Alp zusammenhängend) oder Alfen (Elfen) d. h. der Geister, welche im Dunkel des Erdinneren schaffen (im Gegensatz zu den Licht-Alben). Wenn Alberich im Folgenden als Niblung bezeichnet wird, so bezieht sich das auf die Wohnstätte dieser Geister: das Reich Alberich's hiess nach der Sage Nifelheim oder Nibelheim d. h. Nebelheim, und Nibelungen, (oder Niblungen) die Nebelsöhne, sind die Bewohner dieses Ortes.

I. Scene (Textbuch S. 7—14).

Gunst er zuletzt geworben, entfliehend verhöhnt, kreischt er **Textb.**
ein schmerzlich wütendes „*Wehe! ach Wehe!*" dem drohend **S. 13**
als Andeutung von Alberich's Macht das „Frohnmotiv" bei-
gegeben ist (eigentlich aus vier Frohnmotiven bestehend):

7. Frohnmotiv.)

Trotz allem lässt sich Alberich noch einmal verleiten, Jagd auf die flinken Wasserbewohner zu machen, aber vergeblich: er hastet, klettert, strauchelt — stürzt . . . . seine Kraft und Geduld sind am Ende, und kaum seiner mächtig ruft er: „*Fing' eine diese Faust!*" **S. 14**
Die ganze Scene ist in der Behandlung der Instrumente den Vorgängen mit drastischer Genauigkeit gefolgt. Die Staccati der Bläser und Streicher in Verbindung mit der Flimmerbewegung des *tremolo* veranschaulichen die Hast und sinnliche Aufregung Alberich's, während seine vergeblichen Kletterversuche durch die kurzen sich immer wiederholenden chromatischen Figuren trefflich versinnbildlicht werden. In den Holzbläsern ertönt währenddem zum ersten Mal das Schmiedemotiv, welches einmal für die Nibelungen als Erzschmiedekünstler charakteristisch ist, zweitens aber mit Hinblick auf den aus dem Rheingold schmiedbaren Ring und die damit zusammenhängende Machtstellung hinweist. Das Schmieden des
8. (Rhythmus des Schmiede-Motivs.)
Rheingold-Ringes aber ist der Anfang
vom Ende, und deshalb bringt Wagner den verhängnisvollen Schmiede-Rhythmus in Verbindung mit der Drohung des Niblungen hier an erster Stelle. Wie Alberich noch zähneknirschend und unschlüssig, was er beginnen soll, dasteht, fällt ein Sonnenstrahl in die Tiefe: „*Die Weckerin lacht in den Grund*", und des Rheingoldes Leuchten verbreitet rings um sich einen hellen Glanz. Wunderschön schmiegt die Musik sich diesem Vorgange an. Erst vernehmen wir den Beginn des Aufleuchtens in den einzelnen von Pausen unterbrochenen Tönen der tiefen Trompete (Bass-Trompete).

Dann nimmt das Horn, nach der Einleitung durch einen
lichten Harfen-Accord, **9.** (Rheingold-Motiv.)
die Hauptstimme und
bringt das strahlende
„Rheingold-Motiv".

Fröhlich den schimmernden Hort umschwimmend,
grüssen die Hüterinnen das Gold; jubelnd und innig zugleich
klingt der in unnachahmlichen Wohllaut getauchte Gruss:
„Rheingold, Rheingold, leuchtende Lust!" dessen erster
Takt motivische Bedeutung gewinnt (10):

10. Dem Zwerge, der, vom Glanz geblendet,
fragt: *„Was ist's, ihr Glatten, das dort so
gleisst und glänzt?"* erzählen die Mädchen,
erstaunt über seine Unwissenheit, von *„des
Goldes Auge, das wechselnd wacht und
schläft,"* und plaudern ihm auch das Geheimnis aus (11):

11. (Ring-Motiv.)

Der Welt Er - be ge - wän - ne zu ei - gen, wer aus dem

Rhein-gold schü-fe den Ring

Die ersten Takte*) enthalten das
wichtige Ring-Motiv, welches zwar
im Verlauf des Musikdramas verschiedentliche, wenn auch nur geringe Modifikationen zeigt,
aber mit der in Terzen hinab und hinauf steigenden Figur
seine Eigentümlichkeit wahrt. Trotz Flosshildens Warnung
erfährt Alberich aus dem Hin- und Herreden der geschwätzigen
Hüterin die Bedingung, unter welcher sich das Gold zum
Reifen, *„der masslose Macht verleiht,"* fügen lässt, denn

---

*) Auch die unter der Schlussklammer stehenden Noten finden häufig selbstständig motivische Verwendung als Repräsentanten des Sinnes jenes ganzen Sätzchens

I. Scene (Textbuch S. 14—18).

während in den Tuben im *pp* unheilverkündende Accorde erschallen, verraten sie (12):

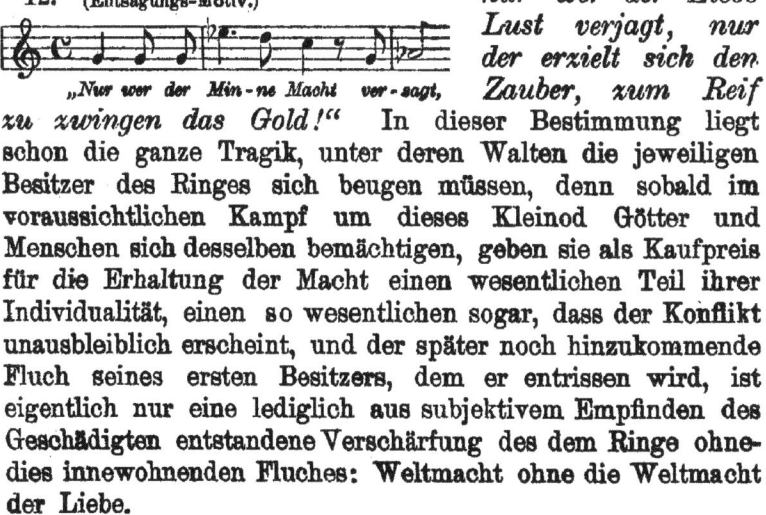

12. (Entsagungs-Motiv.)
„Nur wer der Min-ne Macht ver-sagt,

nur wer der Liebe Lust verjagt, nur der erzielt sich den Zauber, zum Reif zu zwingen das Gold!" In dieser Bestimmung liegt schon die ganze Tragik, unter deren Walten die jeweiligen Besitzer des Ringes sich beugen müssen, denn sobald im voraussichtlichen Kampf um dieses Kleinod Götter und Menschen sich desselben bemächtigen, geben sie als Kaufpreis für die Erhaltung der Macht einen wesentlichen Teil ihrer Individualität, einen so wesentlichen sogar, dass der Konflikt unausbleiblich erscheint, und der später noch hinzukommende Fluch seines ersten Besitzers, dem er entrissen wird, ist eigentlich nur eine lediglich aus subjektivem Empfinden des Geschädigten entstandene Verschärfung des dem Ringe ohnedies innewohnenden Fluches: Weltmacht ohne die Weltmacht der Liebe.

So singt auch Wellgunde: *„Wohl sicher sind wir und sorgenfrei: denn, was nur lebt, will lieben; meiden will keiner die Minne."*

Nur an eines haben sie nicht gedacht: das reine, hohe Gefühl göttlicher Liebe wohnt nicht im Busen des sinnlichen Alberich, der nur nach materieller Lust und Macht geizt. Wütend springt Alberich nach dem mittleren Riff hinüber, klettert mit grauenhafter Hast nach oben und streckt die Hand nach dem Rheingolde aus. In wehmütigem Moll ertönt das Rheingold-Motiv, auch Ring-Motiv und Entsagungs-Motiv melden sich: Alberich verflucht die Liebe, reisst mit furchtbarer Gewalt das Gold aus dem Riff und verschwindet nach der Tiefe zu. Die bestürzten Rheintöchter schreien: Hilfe! und Wehe! aber der freche Räuber ist verschwunden und mit ihm der Sonnenglanz der Stromestiefe, aus der Alberich's Hohngelächter emporschallt. Wie Finsternis und die dunklen Wasserfluten sich von oben nach unten zu senken scheinen, so auch senken sich, nachdem die Musik den Raub und die vergebliche Jagd auf Alberich zum Ausdruck gebracht hat, allmählich sich beruhigend die Tonfiguren, immer langsamer und schwächer werdend, hinab, bis sie sich im *pp con sordini* (mit Dämpfern) verlieren; .... in den Untergang des Lichts hinein verwoben aber klingt noch einmal traurig und bedeutungsvoll das Entsagungsmotiv (12).

Scene II.

Der Übergang zu Scene II vollzieht sich musikalisch als Gegensatz zum Schluss der ersten Scene. Den schwer hinabziehenden Skalen stellen sich leichter beschwingte Violin-Arpeggien gegenüber. Die Harfenbegleitung paart sich mit den aufwärtssteigenden Tonfiguren der Holzbläser und Hörner. Die Wogen haben sich in Nebel verwandelt, die Nebel werden leichter und heben sich: vor uns liegt das Reich der Licht-Alben, der Götter. Im Hintergrunde erblicken wir die Götterburg Walhall, die, während Wotan und Fricka schlummerten, von den Riesen auf Allvaters Befehl erbaut wurde. Noch umfängt beide der Schlaf, da bringen die Tuben über Harfen-Accorden das Walhall-Motiv:

Ein strahlendes, sieghaftes Motiv! Doch ist seine Verwandtschaft mit dem Ring-Motiv nachweisbar und wohl kaum eine zufällige, denn es ist ein genialer Gedanke, das Motiv, welches die Festigkeit der Göttermacht repräsentieren soll, gerade aus dem Motiv abzuleiten, welches den Anstoss zur Götterschuld giebt, da, wie wir im Folgenden sehen werden, der eingebildete Schutz gegen das Fatum: die Erbauung der Götterburg Walhall, mit dem Ring bezahlt werden muss, den der Gott sich zur Befestigung der eigenen Machtstellung widerrechtlich aneignen will, anstatt das Gold den Rheintöchtern zurückzugeben.

II. Scene (Textbuch S. 19—22).

Das erwähnte Walhall-Motiv also weckt Fricka (Mezzo-Sopran), und sie ruft: „*Wotan, Gemahl, erwache!*" Wotan (Bariton) reisst sich von den Träumen, die ihn umstricken, los und giebt seiner Zufriedenheit über die Vollendung der Burg und seinem Stolz als Besitzer des prunkvollen Baues in erhabenen Worten, welche von Motiv 13 begleitet werden, Ausdruck: „*Vollendet ist das ewige Werk*" u. s. w. Fricka jedoch erinnert an den Lohn, zu dem sich Wotan den Erbauern der Burg, den Riesen, verpflichtet hat. Freia, die Göttin der ewigen Jugend, muss dem Vertrage gemäss von Wotan den Riesen überliefert werden. Als Mahnung klingt das Vertrags-Motiv:

Dass der Komponist dieses Motiv bald als Speer-, bald als Vertrags-Motiv gebraucht, hat seinen Grund in dem Gebrauch der alten Germanen, den Speer als die Verträge heiligend zu betrachten. Das Gemessene dieses sich niedersenkenden Motivs entspricht dem Senken der Speerspitze, bei welcher der Vertrag geschlossen wird. Leichtsinnig erwidert Wotan auf den Einwurf seiner Gemahlin: „*Um den Sold sorge dich nicht!*" In der sich nun anschliessenden Zwiesprache, in welcher Fricka die Unüberlegtheit und den Flattersinn Wotan's beklagt, hören wir zu den Worten: „*Um des Gatten Treue besorgt*" ein Motiv, welches im weiteren Verlauf des Dramas als „Minne-Motiv" d. h. Liebes-Motiv an Bedeutung gewinnt:

Während noch Wotan und Fricka streiten, kommt Freia (Sopran), welche vor den ihr nachsetzenden Riesen geflohen, hastig daher; das „Flucht-Motiv" (16) begleitet sie. Dieses Motiv findet speziell in der Walküre sehr ausgiebige Verwendung und wird mit und ohne Auftakt verkürzt, oder durch mehrfache Wiederholung des punktierten Rhythmus, auf meist

16. (Flucht-Motiv.)

niedrigeren Tonstufen wiederholt, gebraucht. Wotan, der durchaus nicht gewillt ist, den Forderungen der Riesen nachzugeben, hofft auf „Loge", den listigen Gott des Feuers, der ihn

Textb. S. 22
mit seinen Ränken aus dem Dilemma befreien soll, und zu den Worten: „*Doch des Feindes Neid zum Nutz' sich fügen, lehrt nur Schlauheit und List, wie Loge verschlagen sie übt*" ertönt mit Hinweis auf diesen fragwürdigen Genossen eine verschnörkelte, stark chromatische, geschwinde Figur, die den Charakter Loge's, des Aalglatten, der immer noch Winkelzüge in Bereitschaft hat, trefflich illustriert. Sobald die eben besprochene Charakteristik sich zu einem Motiv kristallisiert hat, werden wir dieses als Loge-Motiv dem Leser vorführen.

S. 23
Jetzt kommen die Riesen **Fasolt** (Bariton) und **Fafner** (**Bass**) selbst, und wahrhaftig, nicht drastischer, noch wahrheitsgemässer konnten die täppischen, kraftvollen Gesellen mit wenigen Strichen gezeichnet werden, als Wagner es durch das „Riesen-Motiv" erlangt:

17. (Riesen-Motiv.)

Indem sie Wotan anreden, hören wir neben dem Riesen-Motiv zunächst das Vertrags-Motiv (14), denn sie begehren die Respektierung des Vertrages; als Lohn für den Bau: „*Freia, die Holde*". Noch

S. 24
mehrere Male mahnt das Vertragsmotiv den ausweichenden Wotan, und Fasolt sagt ihm unter dem Klange dieses Motivs: „*Was du bist, bist du nur durch Verträge.*" Das Gespräch

II. Scene (Textbuch S. 22—26).

zwischen den Riesen und Wotan führt zu keinem Resultat, Textb. und Fafner rät, wenn ihnen auch Freia's Besitz nicht viel S. 26 Gewinn einbringe, die holde Göttin den Göttern schon aus dem Grunde ohne weiteres zu nehmen, weil sie die allein kundige Hüterin der jugendverleihenden Äpfel ist, deren die Götter nicht entraten können:

18. (Jugend-Motiv.)

Hrn.

Fafner: Gold-ne Äp - fel wachsen in ih-rem Gar - ten.

Der erste Takt dieses Motivs mahnt mit seiner Melodieführung entschieden an das Entsagungsmotiv, dann aber ist unserm Motiv auch eine gewisse Ähnlichkeit mit dem Ring-Motiv eigen.

Sei es nun, dass die Ähnlichkeit dieser Motive untereinander nur durch ihre Beteiligung an demselben Vorgang entstanden ist, d. h. weil sie innerhalb desselben engeren Ideenkreises liegen und deshalb eine berechtigte, doch fast unwillkürliche Verwandschaft zeigen, oder sei es, dass Wagner hierdurch einen streng logischen Zusammenhang der Motive kennzeichnen wollte; in jedem Fall sind die Berührungspunkte hier, wie auch bei verschiederen anderen Gelegenheiten, wo wir es der Aufmerksamkeit des Hörers überlassen müssen, sie innerhalb der Motive zu konstruieren, nicht abzuleugnen, und der andächtige Zuhörer kann in solchen Fällen seiner Phantasie ruhig die Zügel schiessen lassen. Zugleich jedoch sei dieses eine Gelegenheit, davor zu warnen, dass man jeder ausdrucksvollen Phrase motivische Bedeutung als Leitmotiv unterlegt, oder in jeder augenscheinlich nebensächlichen oder zufälligen Ähnlichkeit schwerwiegende Beziehungen wittert. Die Verführung dazu ist, zumal für den begeisterten Laien, der sich zum ersten Mal eingehend mit den Leitmotiven Meister Wagner's vertraut macht, sehr verführerisch. Wir werden im folgenden deshalb nur dann auf dergleichen aufmerksam machen, wenn die Absicht des Komponisten mit unverkennbarer Logik dazu berechtigt.

Die Götter Froh (Tenor) und Donner (Bariton), der letztgenannte wird mit einem Paukenwirbel als Zeichen seiner Thätigkeit eingeführt, stellen sich schützend vor Freia, welche die Riesen nunmehr ergreifen wollen; doch Wotan streckt den Speer zwischen die Streitenden und zu seinen schlichtenden Worten bringen die Posaunen Motiv 14. Da endlich naht Loge, der Wotan einst versprochen hatte, ihm mit List zur Umgehung des Vertrages zu verhelfen.

19. (Loge-Motiv.)

Dieses Loge-Motiv wird sowohl für die Person des Gottes als auch für sein Element, das Feuer, gebraucht. Loge (Tenor) bringt zunächst wenig tröstliche Aussicht, denn soweit er gewandert ist, Ersatz für Freia zu suchen: „*Nichts ist so reich, als Ersatz zu muten dem Mann, für Weibes Wonne und Wert*". Die letzten Worte bilden ein in Zukunft häufig vorkommendes Motiv, welches allgemein als das Motiv der Liebestrauer bezeichnet wird und sich durch besondere Innigkeit auszeichnet. (Siehe auch Walküre). Überhaupt ist die ganze Rede Loge's mit sorgfältiger Liebenswürdigkeit musikalisch ausgestattet. Auf diese Erklärung Loge's hin stehen alle betroffen, doch gleichsam Loge's Ansicht bestätigend, hören wir das Freia-Motiv.

20. (Motiv der Liebestrauer.)

Loge: Für Wei-bes Won-ne und Wert.

II. Scene (Textbuch S. 27—34).

21. (Freia-Motiv.)

Viol.

Textb.

„*Nur einen sah ich*", fährt nun Loge fort, Alberich S. 31 den Zwerg, der der Minne entsagte, um sich aus dem Gold, welches er den Rheintöchtern geraubt, den Macht-Ring schmieden zu können, und die Rheintöchter klagen nun um das geraubte Gold und wenden sich an dich Wotan, den Räuber zu strafen und das Gold dem Wasser zurückzugeben: „*Dir's zu melden gelobt ich den Mädchen: nun lös'te* S. 32 *Loge sein Wort.*"

Während dieses Teils seines Berichtes begleiten die Worte Loge's die diesbezüglichen Motive 9, 10, 11, 12. Die Erwähnung des Rheingolds ruft bei den Anwesenden sehr geteilte Gefühle hervor. Fafner und Fasolt fürchten die wachsende Macht des Niblungen. Wotan möchte die Macht für sich gewinnen; die Frauen denken an den S. 33 Schmuck, der sich aus dem Golde für sie schaffen liesse. Jetzt erst sagt Loge, dass nur durch Liebesentsagung der Reif aus dem Golde gewonnen würde, der übrigens Alberich schon gelungen sei. Dass Alberich den Ring nicht behalten darf, darüber sind Alle einig; nur Wotan, wie auch die Riesen, jeder von ihnen will ihn für sich erlangen. Loge hat richtig gerechnet. Doch darf man nicht vergessen, dass Loge trotz allem das böse Prinzip ist; denn indem er Wotan ebenfalls lüstern machte nach dem Gold und seiner Macht, wusste er, dass er Wotan bei seiner schwachen Seite, der Erhaltung seiner Machtstellung gefasst hatte, die nach den Gesetzen ewiger Gerechtigkeit schon durch den trügerischen Vertrag ins Wanken gerathen war. Er weiss, Wotan wird nach seinem Rat das Gold dem Alben wieder entreissen, S. 34 aber es nicht den Rheintöchtern zurückgeben, sondern für sich behalten wollen, und somit drängt Loge den Göttervater und mit ihm die Loge, dem Halbgott, insgeheim verhasste

Göttersippe, immer mehr auf die abschüssige Bahn des Unrechts: dem endlichen Untergang entgegen. Fafner und Fasolt, die während dessen gleichfalls des Rates gepflogen, sind zufrieden, wenn Wotan ihnen Freia mit dem Golde des Nibelungen aufwiegt. Als Wotan nicht sofort darauf eingeht, ergreifen sie mit rauher Hand Freia und entführen sie unter der Drohung: *„Bis Abend achtet's wohl, pflegen wir sie als Pfand . . . Und bereit liegt nicht als Lösung das Rheingold rot und licht — zu End ist die Frist dann, Freia verfallen: für immer folge sie uns!"*

Freia's Entführung giebt Meister Wagner wieder Gelegenheit zu einer ganz vorzüglichen Orchester-Malerei: Hastig stürmen die aufgeregten Figuren der Streicher dahin, immer abgerissener werden die Melodiestücke; kurze Achtel-Staccati in Klarinette, Fagotten, Viola, Violoncell und in den Kontrabässen wechseln ab, allmählich schwächer werdend. Auch die Instrumentierung klingt immer dünner, entfernter. Nicht minder charakteristisch schildert uns der Komponist die Folgen dieses Raubes der Jugendgöttin; denn es ist wahr, was Loge mit beissendem Spott jetzo bemerkt: die Götter genossen heute noch nicht von Freia's goldenen Äpfeln; grau und fahl wird ihre Gesichtsfarbe, Frohmut und Kraft schwinden ihnen: *„Das wussten die Riesen wohl; auf euer Leben legten sie's an: nun sorgt, wie ihr das wahrt!"*

Mit der Tempobezeichnung „allmählich etwas langsamer" verbreitet das Tremolo des Streichquartetts mit Dämpfern einen fahlen Schein, und das Motiv der ewigen Jugend (18) ertönt in mattem Moll. Bei den Worten *„grämlichem Grau, das schier zum Greisen ihn schafft"* steht die Vorschrift: „Noch etwas langsamer" melodisch herrscht das ebenerwähnte Motiv 18 vor. Die sinkende Kraft der Götter verkörpert sich uns in dem *diminuendo*, welches im *„sempre pp"* endigt. Wotan entschliesst sich auf Freia's Drängen hin, unter Loge's Führung zur Erlangung des Lösegelds Alberich in seinem unterirdischen Reiche aufzusuchen.

II. und III. Scene (Textbuch S. 35—40).

Wotan und Loge verschwinden durch die „Schwefelkluft", deren Dämpfe die Scene verhüllen, in die Unterwelt.*)

Scene III.

Die hervorbrechenden Schwefeldämpfe, unter deren Schleier sich die Scene verwandelt, sind infolge ihrer Verwandschaft mit dem Element Loge's trefflich durch chromatische Läufe gezeichnet. Dann ertönt in beschleunigtem Tempo das Fluchtmotiv (16): wir nahen uns dem Ort, wo in Furcht und Flucht vor der Geissel Alberich's geschafft wird. Das in den tiefen Trompeten gebrachte Rheingold-Motiv in Verbindung mit dem Schmiede-Motiv 8, welches hier in der melodisch typischen Form auftritt, sagt uns genug. Auf unserer Wanderung in die Tiefe hören wir auch mit Begleitung des Streichquartetts, der Hörner und Fagotte (mit Motiv 7) eine Anzahl von Schmiedehämmern in dem entsprechenden Rhythmus von Motiv 8. Doch die Gruppe der arbeitenden Zwerge ist uns verborgen, das Geräusch verliert sich; an ihnen vorbei steigen wir tiefer.

8a. (Schmiede-Motiv.)

Nibelheim, das Reich Alberich's, öffnete sich uns. Motiv 7 erklingt in Fagotten und Kontrabässen, während dazu die Celli die Umkehrung dieses Motivs (Vergl. Motiv 6) mit einem zerrenden mehrtönigen Vorschlag von oben nach unten, wie auch von unten nach oben bringen, eine Figur, die schon für sich allein einen Zwang auszudrücken scheint.

22.

Aus der Finsternis kommt Alberich hervor, der den kreischenden Zwerg „Mime" (Tenor) seinen Bruder an den Ohren herbei zieht. Mime, der schmiedekundige, hat für Textb. S. 40

---

*) An dieser Stelle wird aus bühnentechnischen Rücksichten vielfach ein Aktschluss gemacht.

Rheingold.

Alberich den Tarnhelm, ein Metallgewirk, welches die Fähigkeit besitzt unsichtbar zu machen, bzw. eine andere Gestalt anzunehmen, auf sein Geheiss herstellen müssen; doch möchte er ihn gern für sich unterschlagen. Alberich, der seinen Bruder mit Thätlichkeiten zwingen will, veranlasst den Furchtsamen das Gewirk fallen zu lassen, hebt den Helm auf und erprobt seinen Zauber:

wobei das Motiv in der Ausweichung in die fremde Tonart (23 a) den Zauber, d. h. die Verwandlung in eine fremde Gestalt, die Rükkehr (23 b) in die Ausgangsharmonie, die Verwandlung in die ursprüngliche Gestalt repräsentiert. — Wesentlich ist die Verwandtschaft dieses Motivs mit dem Textb. Frohn-Motiv (7), wodurch die Verwendung des Tarnhelms für S. 41 ihren jetzigen Besitzer gekennzeichnet wird. — *„Nacht und Nebel, Niemand gleich!"* — lautet Alberich's Zauberformel und der erschrockene Mime, der an Stelle des Bruders nur noch eine Nebelsäule gewahrt, ächzt laut unter unsichtbaren Geisselhieben des tückischen Bruders. Die Geisselhiebe des Orchesters in Gestalt des Frohn-Motivs, dessen erste Note sich bis zur Kürze eines Vorschlags verkleinert in Verbindung mit dem Schmiede-Motiv, begleiten die höhnenden

III. Scene (Textbuch S. 40—46).

Worte Alberich's und die Misshandlung seines Bruders, wie **Textb.**
auch Alberich's Drohung gegen seine Unterthanen: — „*Hoho!* **S. 42**
Hoho! Niblungen all, neigt euch Alberich!" — u. s. w.
Wotan und Loge, die inzwischen näher gekommen sind,
gewahren den vor Schmerz zusammengesunkenen, wim-
mernden Mime, der zwar zuerst nichts mit den Fremden
zu schaffen haben will, dann aber ihrem Mitgefühl trauend,
ihnen die Ursache seines Schmerzes erzählt und seiner ohn-
mächtigen Wut gegen Alberich Ausdruck verleiht, wobei
das Schmiede-Motiv und das Frohn-Motiv in der Gestalt
von Beispiel 22 (dieses auch in der Umkehrung) vorherrschen.
Ein Motiv, das speziell auf Mime angewandt (vergl. auch im
Siegfried) als das Motiv des Sinnens, — meist des vergeblichen Nachdenkens — bezeichnet werden muss, tritt zu
Anfang der Rede Mime's hier zum ersten Mal zu den Worten:

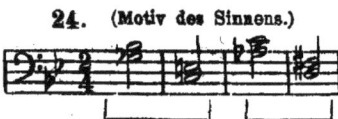

24. (Motiv des Sinnens.)

„*Wer hälfe mir?*" auf, wozu **S. 43**
Wagner in höchst origineller
Weise den Schritt der verminderten Quinte (⌊⌋ ⌊⌋)
verwendet.

Zwar sehen Wotan und Loge, dass es nicht leicht
sein wird, den Alben zu fangen; nur List (Loge-Motiv) wird
zum Ziele führen. Aber ein diese kurze Unterredung ab-
schliessender, energisch aufwärtssteigender Lauf sagt uns:
es wird gelingen. Dasselbe verrät auch ein kurzes Auflachen
der beiden, sodass Mime betroffen die Götter betrachtet und
misstrauisch fragt: „*Mit euerm Gefrage wer seid denn* **S. 45**
ihr Fremde?" Derselbe Argwohn leuchtet aus der Begleitung des Orchesters, welches diese Frage mit einer von
den Pizzicati der Streicher begleiteten Harmonie von
Englisch Horn und Fagott unterstützt. Kaum haben sie
Mime ihrer wohlwollenden Absichten für ihn versichert, als
auch schon wieder unter Ankündigung des Schmiede- und
Frohnmotivs, in Verbindung mit jenen vorhererwähnten
Geisselschlägen, Alberich, die arbeitenden Niblungen vor sich **S. 46**
hertreibend sichtbar wird. Die Müssigen zwingt er durch

28 Rheingold.

einen Kuss auf den Ring, wobei etwas gedehnt im *pp* das Ringmotiv in Englisch Horn, Klarinette und Trompete ertönt, mit befehlender Gebärde und herrischem Worte zum augenblicklichen Gehorsam. Eindringlich droht das Frohn-Motiv in Kontrabass, Tuba und Posaunen.

Textb. Alberich, der erst die Fremden barsch anfährt, lässt
S. 47 sich durch die gleissnerisch schmeichelnden Bewunderungsreden Loge's, dessen Worte vielfach mit den seine glatten Reden kennzeichnenden kurzen chromatischen Läufen begleitet sind, bethören und prahlt mit seiner Macht, seinem Ringe und mit dem Tarnhelm. Loge stellt sich, als könne er an den Zauber des Tarnhelms nicht glauben und veranlasst Alberich, sich mit seiner Kunst zu zeigen; dieser setzt den Helm auf, spricht den Zauber und an seiner Stelle
S. 52 ringelt sich eine ungeheure Schlange. Das Motiv, welches auf das Entstehen des Riesenwurmes hindeutet, ist dasselbe, welches späterhin in „Siegfried" den zum Drachen verwandelten Fafner kennzeichnet: es ist eine in der Bass- und Kontrabass-Tuba ertönende Figur, welche — mit kleinen Veränderungen — die Windungen und das sich Emporbäumen des Ungeheuers treffend wiedergiebt.

25.

Kb.-Tuba.

Die Götter, welche sich erschrocken stellen, spenden
S. 53 Alberich Lob, aber: *„wie du wuchsest"*, meint Loge schlau, *„kannst du auch winzig und klein dich schaffen? Das Klügste schiene mir das, Gefahren schlau zu entflieh'n: das aber dünkt mich zu schwer!"*

Um den Göttern auch dieses Verlangen als erfüllbar zu zeigen, verwandelt sich Alberich in eine Kröte. Ein **Griff** . . . und der Dumme ist gefangen. Der Kröte ziehen sie den Tarnhelm ab und Alberich ist bald geknebelt. Hohnvoll sagt dem Betrogenen das Loge-Motiv, dass List ihn

gefangen hat. Wotan und Loge schleppen den Gefesselten Textb.
mit sich, indem sie dem Ausgang der Kluft in die Ober- S. 54
welt entsteigen. Schwächer und schwächer ertönt das Ge-
hämmer der Niblungen, — die Scene hüllt sich wieder in
Schwefeldämpfe (Loge-Motiv), die sich allmählig klären, und
wir sehen wieder die Scenerie vor der Götterburg, welche
selbst unsichtbar bleibt, jedoch wie am Schluss der Scene II
noch in fahles Licht gehüllt ist. Unter den Klängen des Frohn-
motivs haben Wotan und Loge ihren Gefangenen ans
Tageslicht befördert.

Scene IV.

Höchst ergötzlich sind nun die Bemerkungen Loge's,
der sich in witzigem Spott, sogleich in den Anfangsworten
dieser Scene, über den unglücklichen Alberich lustig macht:
*„Hier, Vetter, sitze du fest! Luge, Liebster, dort liegt
die Welt, die du Lung'rer gewinnen dir willst: welch'
Stellchen, sag', bestimmst du mir drin zum Stall?"*
Diesen und ähnlichen Worten, sowie der Forderung
Wotan's, dass er sich mit dem Golde seines Hortes lösen
müsse, antwortet Alberich mit schlecht verhaltenem Grimm.
Doch was hilfts? — Sein Befehl muss die Unterthanen
herbeirufen, die mit Schätzen beladen aus der Tiefe empor- S. 56
steigen, um das Bussgeld zu erledigen (hierzu Motiv 7 und 8).
Zu seinem nicht geringen Ärger wird auch der Tarnhelm
zur Beute gerechnet. Im Vertrauen auf seinen Ring hat
Alberich bis zu diesem Punkt noch eine gewisse Ruhe
bewahrt; als jedoch Wotan auch den Goldreif als zum Horte S. 58
gehörig erachtet, weiss er sich nicht mehr zu halten. Auf
Wotan's Einwurf, dass auch ihm das Gold zum Reifen nicht
eigen gewesen, indem er es den Rheintöchtern geraubt habe,
erwidert Alberich, dass er damit nur einen Frevel an sich S. 58
begangen habe, während: *„An allem was war, ist und
wird, frevelst, Ewiger, du, entreissest du frech mir den
Ring!"* Doch nichts vermag Wotan von seinem Vorhaben

Textb. S. 60

abzubringen, und mit Gewalt entreisst er Alberich den Ring. Das Rheingold-Motiv ertönt schrecklich drohend, gepaart mit dem Wehgeschrei des Zwerges, der unter den Klängen des Entsagungs-Motivs (12) zusammenknickt. Die Fesseln werden ihm abgenommen. Da aber richtet sich Alberich mit wütendem Hohnlachen vom Boden auf. Wie ihm der Zauberring durch einen Fluch — die Liebes-Entsagung — zum Machtring gelang, so verwandelt er mit einem zweiten Fluch den Machtring zu einem Ring des Verderbens und verstärkt damit, wie wir vorher erwähnten, den ihm mit dem Augenblick seiner Entstehung schon anhaftenden Fluch:

26.

„Wie durch Fluch er mir ge-riet, ver-flucht sei die-ser Ring!

„*Gab sein Gold mir — Macht ohne Mass, nun zeug' sein Zauber Tod dem — der ihn trägt!*"

Das ist der Hauptinhalt dieses Fluches, dessen Fortsetzung in Einzelheiten nur auf den Kern der Sache näher eingeht. Das Riesen-Motiv (17) und das Motiv der ewigen Jugend (18) künden uns das Nahen Freia's und des Riesen, und ein lichter Schein, der sich mit der Ankunft Freia's verbreitet, giebt den Göttern wieder die frühere Frische zurück. Fasolt wünscht den Hort derartig aufgeschichtet, dass er zwischen eingerammten Pfählen sich häuft, bis er die Gestalt der dahinterstehenden Freia gänzlich verdeckt. Mit Unmut sehen die Götter, wie die Riesen in roher Habgier soviel wie möglich für Freia zu erbeuten suchen. Auch den Tarnhelm muss Wotan hinzulegen. Schliesslich, da Freia's Auge noch durch den Hort hindurchschimmert, verlangt Fasolt auch den Ring, den sich Wotan frohlockend an den Finger gesteckt hat. Doch Wotan will ihn nicht lassen, und als Loge an das Versprechen erinnert, welches er selbst den Rheintöchtern gegeben habe, antwortet er: „*Dein Versprechen bindet mich nicht: als Beute bleibt mir der Reif*" und zu den Riesen

S. 63 angesetzt vor "wünscht"; S. 66 vor "den Hort"

IV. Scene (Textbuch S. 60—68).

gewandt: „*Fordert frech was ihr wollt: alles gewähr'* **Textb.**
ich, um alle Welt nicht fahren doch lass' ich den Ring". **S. 67**
Schon zerren die Riesen Freia hinter dem Golde hervor,
um sie auf ewig zu entführen, denn weder Freia's Hülferuf,
noch die mahnenden Worte Fricka's, Donner's und Froh's
können Wotan zur Herausgabe des Ringes bewegen, — da
bricht aus der Felskluft zur Seite ein bläulicher Schein:
aus der Tiefe steigt bis zur halben Figur sichtbar, Erda
(Alt)*) empor, und die Hand mahnend gegen Wotan ausstreckend, warnt sie ihn vor dem Ringe, dessen Fluch sich **S. 68**
erfüllen wird. — Und noch mehr offenbart ihm die Seherin:
„*Alles, was ist, endet. Ein düsterer Tag dämmert den
Göttern.*"

So erfährt Wotan hier die erste Andeutung auf die
dereinstige Götterdämmerung. Wohl möchte er mehr wissen,
doch Erda versinkt wieder. Erda hat als Motiv das Werde-
Motiv (Motiv No. 3) erhalten, welches beim Erscheinen der
Göttin zuerst in Fagott und Tuba erklingt. Sehr charakteristisch wird dieses Thema des Werdens während der eben
angeführten Prophezeihung durch Umkehrung zum Motiv
des Untergangs: der Götterdämmerung (27a).

Schon vom Standpunkt des
rein melodischen aus, ist die
Umkehrung des emporstrebenden
Motivs in das Hinabsinkende für
die Gegensätze des Werdens und Vergehens glücklich gewählt.

---

*) Die urweise Seherin, welche sieht, was in Zukunft werden wird; darum
ist ihr Motiv das Werde-Motiv zuerteilt.

Textb.
S. 69
S. 70
S. 71
S. 72

Nachdem Erda wieder verschwunden, versinkt Wotan in tiefes Sinnen; dann aber streckt er den Speer aus: Trompeten und Posaunen bringen das Vertragsmotiv (14), er wirft den Ring auf den Hort und Freia kehrt zu den erfreuten Göttern zurück. Nun erhebt sich drohend das Fluchmotiv (wenn man es so nennen will) Beispiel No. 26, denn schon beginnt der Fluch zu wirken: Fasolt und Fafner, deren Habgier ausserdem durch die Worte Loge's angestachelt wird, geraten beim Einheimsen ihrer Schätze — insbesondere über den Ring — in heftigen Streit, wobei Fafner mit einem Pfahl seinen Genossen erschlägt. Erschüttert sehen die Umstehenden die fürchterliche Wirkung des Fluches und Wotan's Seele wird von bangem Ahnen erfasst. Doch hinweg mit den trüben Gedanken! Kosend schmiegt sich Fricka an den Gemahl, und aus der Ferne lockt das Walhall-Motiv. Donner, der auf den noch in Nebel gehüllten Hintergrund deutet, schreitet auf diesen zu und schwingt beschwörend seinen Hammer, nachdem er eine Anhöhe emporgestiegen ist, und aus dem Nebelgewoge, dessen Auf- und Niederwallen sich in den Sextolenfiguren des Orchesters wiederspiegelt, schallt kraftvoll sein Ruf (28):

Die Nebel sammeln sich und ballen sich zum Gewölk um die wuchtige Gestalt des Gottes. Die Sextolenfigur reisst das ganze Streichorchester mit sich, — ein riesiger chromatisch aufwärts strebender bis zu *ff* sich steigernder Lauf, — ein Blitz! rollender, nachhallender Donner. . . . Die Bewegung stockt, — laue Winde erheben sich! — Zu den Streichern gesellen sich Harfen, und in Achtel-Triolen zittern darüber die Holzbläser. Nach und nach klärt sich die Luft, und die Götter gewahren eine Regenbogenbrücke, die Donner unter Mithilfe von Froh gebaut hat, deren leuchtender Bogen sich

IV. Scene (Textbuch S. 69—75). 33

bis nach Walhall, der in abendlicher Glut strahlenden Götterburg, hinzieht.

29. (Regenbogen-Motiv.)

Corn.
Bass-Klar.
Fag.
Vcll.

etc.

p

Ring- und Werde-Motiv, als Erinnerung an das Durchlebte, erklingen und mit ihnen die Mahnung an die Götterschuld. Doch das nun in die Situation eingreifende Motiv (30) bedeutet für das ganze Drama einen Wendepunkt: der Gott überträgt, in Gedanken vorausschend, Menschen, einem Geschlecht, das seinen Ursprung in ihm selbst finden soll, die Sühne für die Götterschuld. Die göttliche Kraft aber, die Menschen zum Sühnewerk befähigen soll, symbolisiert sich in dem, jenem Geschlecht vom Gotte selbst bestimmten Siegschwert, und hell schmettert das Siegschwert-Motiv (30) als eine prophetische Verkündigung für den Gott, aber als die Gewissheit der einstigen Durchschneidung des von ihm geschürzten Verhängnis-Knotens.

30. (Siegschwert-Motiv.)

Textb. S. 73

Beruhigt fasst Wotan die Hand der Gemahlin, und unter den Klängen des Walhall-Motivs (13) beschreiten die Götter die Regenbogenbrücke. Loge, der sich erst später den Göttern anschliesst, verharrt noch im Vordergrunde. Er sieht kurzsichtig nur das Ende der Götter, dem sie zueilen. Ein Hinweis auf dieses Ende empfindet Loge, der seine spöttelnden Bemerkungen nicht zurückhalten kann, ebenso wie die Zuhörer, in dem Klagegesang der Rheintöchter, der S. 74 um das verlorene Gold klagend den Göttern nachschallt. Noch aber ist die Gegenwart Siegerin, denn nachdem die Tonmassen des Walhalla-Marsches sich in jubelnd prächtigem, glanzschimmernden *crescendo* bis zum *fortissimo* gesteigert haben, beschliesst das Regenbogen-Motiv diesen ersten Abschnitt der erhabenen Tragödie.

II. Die Walküre.*)
Erster Tag aus der Trilogie.

[Die am Rand vermerkten Seitenzahlen geben die Stellen im Textbuch (Verlag von B. Schott's Söhnen, Mainz) an. Vgl. die Einleitung zu Rheingold.]

Das Vorspiel.

Der Sturm tobt! Erst mit vier, dann mit acht Kontrabässen besetzt, braust es an uns vorüber, das Motiv des Sturmes:

31.**) (Sturm-Motiv.)

Auch in der Umkehrung erscheint dieses Motiv:

Immer gewaltiger schwillt der Aufruhr der Naturkräfte: das gesamte Streichorchester und die Holzbläser beteiligen sich

---

*) Walküren sind Schlachtenjungfrauen, die den Mut der Kämpfenden anstacheln und die gefallenen, auf der Walstatt liegenden Helden auswählen — küren — und gen Walhal führen. Die Walküren sind Kinder Wotan's und der Erda.
**) Ungeachtet der Weiternumerierung der Themen und Motive von Beginn des Rheingold als Nr. 1 an, werden die aus dem Rheingold in die Walküre hinübergenommenen Themen, wo es nötig ist, im folgenden noch einmal notiert werden und zwar in derjenigen Tonart und Gestalt — sofern diese nicht wesentliche Modifikationen an der betreffenden Stelle aufweist — in der sie zuerst als Motiv auftraten. Die kleine Zahl in Klammer mit einem R kennzeichnet solche Motive als dem Rheingold in Original-Gestalt oder verändert entnommen.

Vorspiel und I. Aufzug I. Scene. 35

an diesen Figuren, während dessen Hörner, Posaunen und Tuben mit lang ausgehaltenen Noten gleichsam den unaufhaltsam niederströmenden Regen veranschaulichen. Dass ein Gewitter im Anzuge ist, merken wir am Rufe des Donnergottes, welcher in den Trompeten und Posaunen befehlend erschallt:

„Donner" schwingt, die Wolken um sich sammelnd, seinen Gewitter-Hammer.

Ein greller Blitz durchzuckt die Sturmnacht und lang nachhallendes Grollen des Donners hören wir in den Paukenwirbeln. — Allmählig beruhigen sich die entfesselten Elemente und dem entsprechend verwendet der Komponist in ruhiger Bewegung die Überbleibsel des Sturm-Motivs. Der Vorhang hebt sich.

Erster Aufzug.

Scene I.

Wir blicken in den Saal der Behausung Hunding's. Die Thür wird geöffnet und herein wankt todtmüde Siegmund (Tenor):

wobei darauf zu achten, in welch' fein empfundener Weise der Komponist dieses Motiv, welches den Ermatteten begleitet, sich aus der absteigenden Figur (den Virtelnoten) des Sturm-Motivs entwickeln lässt: „Wess' Herd dies auch sei, hier muss ich rasten" sind die Worte mit denen Siegmund, der das Gemach leer findet, am Herde niedersinkt. Nach wenigen Augenblicken tritt Sieglinde (Sopran) in den Saal; erstaunt einen Fremden zu finden, betrachtet sie den wie ohnmächtig Daliegenden näher. Als Sieglinde sich niederbeugt, ertönt das Sieglinde-Motiv (oder wie es auch genannt wird:

Text&. S. 5

Sieglinde's Mitleids- oder Liebes-Motiv) in zarter, von den Violinen vorgetragener Weise, durch eine Wiederholung auf höherer Tonstufe gesteigert:

Textb. S. 6

Da hebt er jäh das Haupt: „*Ein Quell! ein Quell!*" tönt es hastig von den Lippen des Erschöpften. Sorglich bringt Sieglinde das Gewünschte und reicht dem wegmüden Gast das Trinkhorn. Die Fürsorglichkeit, sozusagen Weiblichkeit ihres Handelns spiegelt sich in einem wunderbar melodischen, weichen Melodiezuge wieder:

eine in ihrer Innerlichkeit ergreifende Kantilene, welche uns die Streichinstrumente vortragen. Nachdem Siegmund sich gelabt hat, nickt er Sieglinden mit dem Kopf Dank zu und schaut sie während und nach dem Zurückgeben des Gefässes längere Zeit mit wachsendem Interesse an. Ehe er mit Worten dankt, übernimmt das Orchester die Schilderung der seelischen Vorgänge in Siegmund. Zunächst ertönt das mit Motiv 31 und 33 verwandte „Wehwalt-Motiv":

welches seinen Namen nach dem von Siegmund sich selbst gegebenen Namen Wehwalt (vergl. das Folgende) erhalten hat, womit ausgesprochen ist, dass Sieglinde einem Manne Labung reichte.

I. Aufzug I. Scene (Textbuch S. 6—8).

der von stetem Unglück verfolgt wird („*des Wehes waltet' ich nur*", sagt Siegmund später selbst). An dieses Motiv schliesst sich, **auf die Situation deutend, dass Siegmund als Flüchtling** — wie wir ebenfalls später erfahren werden — in dies Haus gelangt ist, das Fluchtmotiv (R 16), welches auch schon während des Trinkens ertönt. Es erscheint hier in folgender Gestalt:

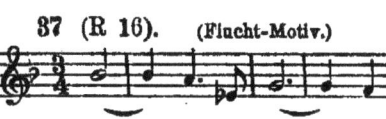

37 (R 16). (Flucht-Motiv.)

Aus dem sich steigernden Interesse für die Fremde, die ihn erquickt hat, wird unbewusst eine Zuneigung, angedeutet durch das Minne-(Liebes-)Motiv (R 15), welches fortan hauptsächlich die hier entwickelte Form festhält:

38 (R 15). (Minne-Motiv.)

Auf Siegmund's Frage: **Textb.** „*Wer ist's, der so mich* **S. 6** *labt?*" antwortet das Orchester, die Rede Sieglinde's ergänzend, welche nur sagt, dass Haus und Weib **S. 7** Hunding's Eigen seien, mit dem Sieglinde-Motiv.

In dem Gespräch zwischen Beiden erfahren wir, dass Siegmund unbedeutend verwundet ist. Er achtet der geringen Wunde nicht, denn „*noch fügen des Leibes Glieder sich fest. Hätten halb so stark wie mein Arm Schild und Speer mir gehalten, nimmer floh ich dem Feind — doch zerschellten mir Speer und Schild.*" Während dieser Mitteilung hören wir das Sturm-Motiv in punktiertem Rhythmus. Sieglinde hat inzwischen ein Horn mit Met gefüllt (Sieglinde-Motiv) und dem Gaste gereicht. Siegmund trinkt, und dann schauen sich Beide längere Zeit an. Als Vorbereitung der Eröffnung Siegmund's: „*Einen Unseligen* **S. 8** *labtest du*" bringen Violincello und Kontrabass ein Motiv, welches sich bei der Erwähnung der Mühsale Siegmund's und seines Geschlechts: der Wälsungen, wiederholt; man könnte dieses Wälsungen-Motiv das Motiv der Wälsungen-Not nennen:

38 Walküre.

39. (Wälsungen-Not-Motiv.)

Siegmund will weiterfliehen, um von Sieglinde das stete Unglück abzuwenden, welches sich an seine Fersen heftet;
Textb. da ruft Sieglinde sich selbst vergessend: „*So bleibe hier!*
S. 8 *Nicht bringst du Unheil dahin, wo Unheil im Hause wohnt!*" Tieferschüttert bleibt Siegmund stehn und kehrt dann zum Herd zurück, vor dem er sich mit den Worten niederlässt: „*Wehwalt hiess ich mich selbst: — Hunding will ich erwarten.*" Nach wenigen Takten, in denen das Orchester der Stimmung des Augenblicks gerecht wird, hören wir das rauhe Hundig-Motiv das Nahen des Hausherrn verkünden.

Scene II.

40. (Hunding-Motiv.)

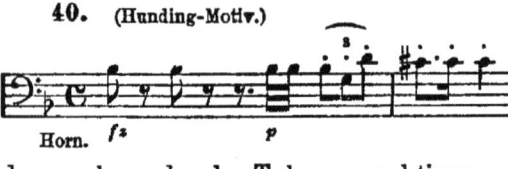

Dumpf und unheilverkündend wie ein Streitruf wird es zuerst von den Hörnern gebracht, dann aber durch Tuben wuchtiger gestaltet. Dem Ein-
S. 9 tretenden erzählt Sieglinde, dass sie den Fremden am Herd gefunden und gelabt habe. Hunding billigt es nach der damaligen Sitte der gastfreien Germanen, nach welcher jeder Fremde am Herdfeuer unter dem Schutz des Hauses stand. Hunding trägt Sieglinde auf, das Mahl zu bereiten und betrachtet Siegmund erstaunt ob der Aehnlichkeit mit Sieglinde*), erfährt dann von Siegmund, dass dieser in der Gegend voll-
S. 10 kommen fremd ist, nennt ihm den eigenen Namen und fragt nach dem des Gastes. Siegmund hat sich mit Hunding und Sieglinde am Tische niedergelassen und blickt auf diese

---

*) Siegmund und Sieglinde sind, ohne es selbst zu wissen, Kinder (Zwillingsgeschwister) Wotan's, die diesem, als er sich auf seiner Wanderung durch irdische Gefilde mit einer Sterblichen verbunden, geboren wurden. Die Mutter wurde erschlagen, Sieglinde geraubt und zur Ehe mit Hunding gezwungen, und der Vater (Wotan), der noch eine Zeit lang mit Siegmund die Wälder durchstreifte, verschwand eines Tages.

I. Aufzug, II. Scene (Textbuch S. 8—13).

Frage hin nachdenklich vor sich hin. Die Bass-Klarinetten verraten uns mit dem Motiv der „Wälsungen-Not" (39) seine wahre Abstammung. Teilnehmend fragt das Sieglinden-Motiv (34) in der Klarinette, und einsschmeichelnd bittet das Minne-Motiv (38) in der Oboe um Antwort: „*Trägst du Sorge mir zu vertrau'n*" fragt Hunding den Zögernden: „*Der Frau hier gieb doch Kunde: sieh', wie sie gierig dich frägt!*" Unbefangen und teilnahmsvoll klingt es von Sieglinde's Lippen: „*Gast, wer du bist, wisst' ich gern.*"

Wieder ertönt Motiv 39 im Cello zart und schmerzlich. Ein Meisterstück in Musik und Dichtung ist die nun folgende Erzählung Siegmund's, in der wir von seiner geraubten Schwester, der erschlagenen Mutter, dem Vater, den er nicht mehr wiederfand, und dem Streit, in dem ihm Schild und Speer zerbarsten, Kunde erhalten. Nach den Worten: „*den Vater fand ich nicht*" ist das rätselhafte Verschwinden „Wolfe's", wie er den Vater nennt, musikalisch durch die Identität Wotan's mit Wolfe erklärt, indem das Walhall-Motiv (R 13) ertönt: Textb. S. 11 S. 12

41 (R 13). (Walhall-Motiv.)

Als Illustration der Hetzjagd die auf Wolfe, den Alten, und Wölfing — ihn selbst — angestellt worden sei, hören wir in den Hörnern Jagd-Fanfaren, und bei Erwähnung der „Neidlinge", die das Paar verfolgten, wird durch das Hunding-Motiv angedeutet, dass es Hunding's Sippen waren. Weiterhin erzählt Siegmund, dass er um Frauengunst geworben: zart und ausdrucksvoll bringt die Klarinette Motiv 38, das Minne-Motiv, doch: „*ob ich um Freund, um Frauen warb — immer doch war ich geächtet, Unheil lag auf mir.*" Schliesslich wird uns der Kampf geschildert, von dem flüchtend Siegmund hier Unterkunft suchte, wobei sich das Orchester in einer höchst lebendigen Tonmalerei ergeht und unter anderen als Schluss der Erzählung ein neues, auch in „Siegfried" und „Götterdämmerung" angewandtes Thema bringt, welches man als das Heldenmotiv der Wälsungen bezeichnen kann:

Diesem Orchesterschluss der Erzählung Siegmund's geht die folgende unnachahmlich schöne Wendung voran, in der der Schmerz um sein bisher verfehltes, glück- und liebeloses Dasein in zu Herzen gehenden Tönen ausklingt:

Textb. S. 14

Dem sich als Nachspiel hieran anschliessenden Motiv 42 folgt dann noch einmal zusammengedrängt der Inhalt von Nr. 43 in folgender, motivisch verwandter Form:

44.

Nun aber erhebt sich finster Hunding, der in Siegmund gerade den Feind erkannte, dem er als dem Mörder seiner Sippen vergeblich nachgespürt hat: *„Mein Haus hütet, Wölfing, dich heut'; für die Nacht nahm ich dich auf:*
S. 15 *mit starker Waffe doch wehre dich morgen"* u. s. w. Das dazu drohende Hunding-Motiv (40) lässt uns über die Absichten Hunding's — *„Für Tote zahlst du mir Zoll!"*

I. Aufzug II. und III. Scene (Textbuch S. 14—15).

keinen Augenblick in Zweifel. Sieglinde wird von Hunding barsch angewiesen, den Nachttrunk im Nebengemach für ihn zu rüsten. Sieglinde wendet sich nach einem Schrein, aus dem sie in plötzlicher Entschlossenheit Würze in ein Trinkhorn schüttet, — einen einschläfernden Trank zu brauen, wie wir nachher erfahren; denn ihr Entschluss, Siegmund zur Flucht zu verhelfen, steht fest: das Fluchtmotiv, welches sich währenddessen thematisch vordrängt, sagt es uns. (Fluchtmotiv 37). Ehe sie das Gemach verlässt, heftet sie das Auge auf Siegmund und deutet dann mit dem Blick auf die alte Esche, um welche das Gemach gezimmert ist. Was der Zuhörer noch nicht ahnt, erklärt uns das Orchester: im Stamme haftet ein Schwert; denn im *piano* hören wir geheimnisvoll die Siegsschwertfanfare (Siegschwert-Motiv R 30):

45 (R 30).

worüber das glitzernde Tremolo der Streichinstrumente schwebt. Hunding treibt mit rauher Gebärde Sieglinden zur Eile und verlässt mit ihr unter dem Klange des Hunding-Motivs den Saal.

Scene III.

Die nun folgende Scene ist in ihrer Art eine der stimmungsvollsten des ganzen Werkes. Der Saal ist nur noch spärlich vom verlöschenden Herdfeuer beleuchtet, und Siegmund lässt sich vor diesem nieder. Eine Zeit lang ist alles stille, nur das Hunding-Motiv arbeitet unruhig drohend: Siegmund denkt über das Erlebte nach, doch nur eins kann ihm in seiner augenblicklichen Lage helfen. Dieses Resultat seines Denkens erklingt aus dem vom Hunding-Motiv sich nun abhebenden Siegschwert-Motiv. (Siehe oben 45) „*Ein Schwert verhiess mir der Vater, ich fänd' es in höchster Not . . . . Wälse! Wälse! wo ist dein Schwert?*" Da erklingt in der ersten Trompete das Siegschwert-

Motiv, während die Streichinstrumente das zu diesem Motiv gern benutzte Tremolo, als Verkörperung des Blitzens des blanken Schwertes als Folie bringen. Hier ist es in doppelter Weise gerechtfertigt: einmal ist es das flackernd zusammensinkende Feuer, dann aber der blinkende Schwertknauf, den man jetzt aus dem Stamm der alten Esche hervorragen sieht. Ein ungemein poetischer Gedanke liegt in den Worten Siegmund's: „. . . *Ist es der Blick der blühenden Frau, den dort haftend sie hinter sich liess, als aus dem Saal sie schied?*" Der Gedanke an Sieglinde's Eindruck auf ihn gewinnt in dem folgenden kurzen Monolog die Oberhand. Immer schwächer wird mittlerweile die Instrumentation; in immer tiefere Tonregionen sinken die unbestimmt düsteren Harmonien hinab, bis beim Klange des im *ppp* von der Pauke aufgenommenen Hunding-Motiv-Rhythmus (denn das Motiv bleibt auf dem tiefen C ohne Melodie als ein sich schliesslich auflösender Rhythmus stehen) das Feuer gänzlich verlischt. Als Reminiscenz, gleichsam schon Traum Siegmund's, hören wir noch einmal:

Ob.
Flöte
Klar.
[vergl. Beispiel 43.]

wobei für den Vergleich beider Stellen die Taktverschiedenheit in Betracht gezogen werden muss. Dasselbe gilt von dem im Cello auftauchenden Sieglinde-Motiv (im $^4/_4$-Takt, während das Original, siehe Motiv 34, im $^3/_4$-Takt steht). Der Gedanke an Sieglinde wird zur Wahrheit: sie selbst erscheint, — sagt Siegmund, dass sie Hunding durch betäubenden Trank eingeschläfert hat und erbietet sich, ihm eine Waffe zu weisen. Sieglinde erzählt nun von dem einäugigen Fremden, der vor Zeiten ein Schwert in jene Esche gestossen und auf sie dabei geblickt habe. Dem solle der Stahl geziemen, der aus dem Stamm ihn zöge. Doch so viele der kühnen Männer sich auch daran versuchten: „. . . *Gäste kamen und Gäste gingen, die Stärksten zogen am Stahl — keinen Zoll*

I. Aufzug, III. Scene (Textbuch S. 16—20).

entwich er dem Stamm: dort haftet schweigend das Schwert." — Sieglinden's Wort, dass sie da gewusst habe, wer jener Fremde gewesen, wird uns durch das Orchester bewahrheitet: in verkürztem (beschleunigtem) Rhythmus lassen Hörner im *pp* das Walhallmotiv erschallen (siehe Motiv 41). — Den jetzt ausbrechenden Jubel Siegmund's: Textb. *„O, fänd ich ihn heut' und hier, den Freund"* und die S. 19 Gewissheit, dass Sieglinde und das Schwert sein eigen werden sollen, begleitend, erscheint Motiv 42, durch Wiederholung der kurzen Noten fanfarenartig gestaltet und durch Vergrösserung des das Motiv abschliessenden Intervallschrittes (meist als Terz) noch energievoller und glänzender gezeichnet:

46. Hlzbl. Hrn.

Der folgende Teil dieses Aufzugs ist poetisch wie musikalisch unvergleichlich schön.
Während Siegmund liebestrunken Sieglinde umfasst hält, lässt der Meister das Weben der Natur und das Drängen in der Menschenbrust den Zuhörer als Parallelen empfinden: Im Herzen Siegmund's, des bisher nur von Unglück verfolgten, blüht der Liebeslenz empor und äussert sich in der kraftvollen Weise des haltlosen Ueberschäumens. — Draussen rang der Lenz mit dem rauhen Bezwinger des blühenden Lebens, dem scheidenden Winter. Auch er lag lange in Banden; doch er hat gesiegt, und höher und mächtiger schwillt der Atem des Lenzes, dieses Symbol jugendfrischer Liebe. — Die Thüre des Gemachs giebt dem S. 20 Druck der Frühlingsstürme nach, sie springt auf. Glänzendmild strahlt der Silberschein des Mondes auf das selige Paar. Harfenklänge wogen auf und nieder, und zu der schwebenden Begleitung der Streichinstrumente jubelt der Frühlings- und Jubelgruss Siegmund's in die Lenznacht hinaus:

47.

Win-ter-stür-me wi-chen dem Won-ne-mond, — in mil-dem Lich-

te leuch-tet der Lenz;

etc. Das ist ein Stimmungsgemälde in Tönen, wie es uns kein Maler mit den glänzendsten und wärmsten Farben zu geben vermag. Hier wechseln zarte Lyrik mit ergreifendster Dramatik; hier schwillt das *pp* zu *p* und wächst in gewaltigem *crescendo* der Empfindung zum *forte*, um im nächsten Augenblick wieder zum Liebesgeflüster hinabzusinken: Lenzesstürme draussen, — Lenzesstürme im Menschenherzen! Und so

Textb. schliesst Siegmund's Gruss mit den Worten: „*Vereint sind*
S. 21 *Liebe und Lenz!*" Nun kann auch Sieglinde sich nicht mehr halten: „*Du bist der Lenz, nach dem ich verlangte*" beginnt ihre Erwiderung, die sich in einem liebedurchglühten Zwiegesang fortsetzt. [Als Attribut Sieglindens tritt übrigens eine Figur auf, deren Entstammung aus dem Freia-Motiv des Rheingold (Freia ist die Göttin der ewigen Jugend und Schönheit) nicht misszuverstehen ist.] — Man beachte wohl, dass Siegmund und Sieglinde sich noch nicht als Geschwister erkannt haben, denn jene Andeutungen von Bruder und Schwester im Lenzlied erwachsen nur aus dem poetischen Vergleich der beiden Befreiungsakte. Sehr sinnig führt uns Wagner das allmählige Sicherkennen beider vor, indem Siegmund sich in Sieglinde, sie sich in ihm, und beide sich

S. 24 in dem Vater Wälse (Wotan) wiedererkennen. Dann springt Siegmund auf den Eschenstamm zu und ergreift den Schwertgriff: „*Siegmund heiss' ich, und Siegmund bin ich: bezeug' es dies Schwert!*" Zu den zwei Anfangszeilen

S. 25 von: „*Heiligster Minne höchste Not, sehnende Liebe, sehrende Not, . . . brennt mir hell in der Brust, drängt zu That und Tod*" legt im folgenden der Komponist dem Helden das „Entsagungs-Motiv" (R. 12) unter, — dasselbe Motiv mit dem Alberich die Liebe verfluchend den goldenen Machreif, den Ring aus dem Rheingolde, sich erzwingt:

48 (R 12). (Entsagungs-Motiv.)

Nur wer der Min-ne Macht ent-sagt.

I. Aufzug, III. Scene (Textbuch S. 21—25).

49 (R 12).

und an dieser Stelle etwas gedehnter.

Hei - lig - ster Min - ne höch - ste Not etc.

Die Wahl dieses Motivs bei der Schwertgewinnung, welche nun unmittelbar folgt, könnte befremden; doch sie ist nicht so fernliegend, als es im ersten Augenblick vielleicht erscheint.

Das Siegschwert ist das Symbol göttlichen Schutzes, welches Wotan, der Göttervater, dem Geschlecht verleiht, das er zur Tilgung der Götterschuld sich ausersehn hat. Die Tilgung der Schuld ist aber nicht, wie Wotan glaubt, durch Festigung seines eigenen Geschlechts denkbar, sondern wird nach Ausspruch der urweisen Seherin Erda nur durch den Untergang der Götter, mithin also auch des götterentsprossenen Wälsungengeschlechtes stattfinden. Indem der Gott, wie wir im Rheingold erfuhren, frevelnd den Ring an sich riss und mit ihm eine Machtstellung zu erlangen hoffte, stellte er sich unter die Bedingung der Liebesentsagung, die als Fluch auf ihm lastet. Dieser Fluch verfolgt nun auch Siegmund, der das vom Fatum dem Untergang geweihte Göttergeschlecht nicht fortpflanzen darf: auch er „muss der Minne Macht entsagen". Indem er sich nun ein Schwert zu seinem und seines Geschlechtes Schutz zu gewinnen glaubt, gerät er — abgesehen von dem Unrecht des Ehebruchs — unbewusst in doppelten Konflikt mit der Bestimmung: er und sein Geschlecht sind dem Untergang verfallen, einmal durch das Nichtentsagen und dann ohnehin schon durch den Schutz (d. h. das Schwert) und als Werkzeug des schuldbefleckten Gottes. Denn der Gedanke Wotan's, durch Siegmund den Ring den Rheintöchtern wiederzugeben (s. Unterredung Wotan's mit Brünnhilde, Akt 2, Scene II) und damit wenigstens einen von Alberich's Scharen drohenden Götteruntergang zu verhüten, scheitert an dem Umstand, dass Siegmund unter seinem Einfluss und Schutz steht, während nur ein freier Held „unbewusst, ohne Geheiss, aus eigner

46 Walküre.

Not mit der eignen Wehr" die That vollbringen kann, wie Erda ihm als einzige Rettung vor Alberich verheissen hat. In der Anwendung des betreffenden Themas liegt hier also die ganze Tragik des Schicksals Siegmund's. — Unter dem
Textb. Geschmetter des Siegfried-Motivs entzieht der Held nun
S. 25 dem Stamme den Stahl, dem er den Namen „Notung" giebt. *„Siegmund den Wälsung siehst du, Weib! Als Brautgabe bringt er dies Schwert."* Da wirft Sieglinde in höchster Trunkenheit sich ihm an die Brust und bekennt sich als
S. 26 seine leibliche Schwester, worauf Siegmund ruft: *„Braut und Schwester bist du dem Bruder — so blühe denn Wälsungenblut!"* Das Orchester steigert sich währenddessen mit Benutzung des Minne- und Schwert-Motivs bis zur höchsten Kraft — prophetisch warnend ertönt dazwischen das Fluchtmotiv; — doch Siegmund zieht in wilder Glut Sieglinden an sich, die ihm mit einem Schrei an die Brust sinkt. — Der Vorhang fällt.

Zweiter Aufzug.

Das Vorspiel

zeigt uns die Geschwister auf der Flucht unter dem Schutze des schirmenden Siegschwertes. Beide Motive sagen es uns, das Flucht-Motiv (Motiv 37) und das das Vorspiel beginnende Siegschwert-Motiv (Motiv 45), welches hier ein wenig verändert — weil im $9/8$-Takt — folgendermassen lautet:

50.

Auch der Grund ihrer Flucht wird in den Pauken in Gestalt des Hunding-Rhythmus angedeutet. Die Punktierung dieses Rhythmus geht auf das Fluchtmotiv über und reisst das ganze Orchester in wilder Hast mit sich, leitet sodann in den Rhythmus des Walküren-Motivs (51) über, bis dieses am Schlusse des Vorspiels selber

II. Aufzug, Vorspiel und I. Scene (Textbuch S. 26—27).

auftritt. Das vollständige Motiv, welches oft auch nur bruchstückweise auftritt, hat nachstehende Gestalt:

51. (Walküren-Motiv.)

Pos.
Bass-Tromp.

ff

Scene I.

Wir schauen in ein wildes Felsengebirge, in dessen Vordergrund Wotan (Bariton) und die Walküre Brünnhilde (Sopran), beide in völler Rüstung einander gegenüberstehen. „*Bald entbrennt brünstiger Streit . . . Dem Wälsung kiese sie Sieg, Hunding wähle sich, wem er gehört*", lautet Wotan's Wille, und fröhlich ob dieses Befehles springt Brünnhilde jauchzend die Höhen von Fels zu Fels hinauf:

51 a.

woran sich mit dem Gesang des Walkürenrufes (Hojotoho!) alternierend das Walküren-Motiv 51 a in der Trompete anschliesst. Der Walkürenruf, den wir zuerst von Brünnhilde und später von den übrigen Walküren hören, besteht im wesentlichen in folgender Form:

52. (Walküren-Ruf.)

Ho - jo - to - ho!

dem sich als Anhängsel neben dem Hinaufschlagen des letzten Tones in die höhere Oktave, im Verlauf dieses und des nächsten Aktes, wie auch an dieser Stelle schon, ein längerer Triller mit ausgehaltener Schlussnote anschliesst. Textb Da hört man von ferne Widdergetrappel. Fricka (Mezzo- S. 27 Sopran), Wotan's Gemahlin, naht auf dem Widdergespann. Das Widdergetrappel wird charakteristisch durch die Triolen von Violoncello und Kontrabass wiedergegeben. Dazu ertönt eine Notenfolge, die ähnlich dem Beispiel 52 einleitenden Motiv 51a

48   Walküre.

in einer mehrfach wiederkehrenden Zweiunddreissigstel-Figur besteht, nur meist in tiefer oder doch tieferer Tonlage verwendet wird und als ein Motiv des Unmuts bezeichnet werden muss, da sie immer an den betreffenden Stellen Fricka's Unwillen charakterisiert:

53.*) (Unmut-Motiv.)
53 a.   53 a.

Textb.   Die Walküre, welche sie von der Felsenspitze herab
S. 27. gewahrt, ruft Wotan launig zu: „*Dir rat' ich, Vater, rüste dich selbst; harten Sturm sollst du bestehn: Fricka naht, deine Frau, . . . In solchem Strausse streit' ich nicht gern, . . . drum sieh', wie den Sturm du bestehst; ich Lustige lass' dich im Stich!*" — und ihr Hojotoho! jauchzend verschwindet sie im Gebirge. Näher kommt das Widdergespann; es hält, und Fricka steigt aus. Das im Tempo leidenschaftlich werdende Orchester bringt das Frohnmotiv (R 7):

54. (R 7).   die Knechtung von Wotan's Willen unter den
(Frohnmotiv.)   Fricka's andeutend. Ausserdem finden wir hier
                zum ersten Mal ein Motiv, welches eine Ergänzung zum Motiv 53 ist, da es immer dann auftritt, wenn Fricka über die Ansichten Wotan's von der Heilighaltung der Ehe empört ist, indem sie selbst als Beschützerin der Ehe gilt:

55. (Zorn-Motiv.)   Das zornige Emporflammen des Gefühls der verletzten Ehehüterin ist vorzüglich in diesen wenigen Noten gezeichnet. Der Anrede Fricka's, dass sie ihn vergeblich gesucht, um Hilfe von ihm zu erlangen, entgegnet Wotan scheinbar unbefangen: „*Was Fricka kümmert künde sie frei*". Das in den Bässen und Bläsern auftretende Hunding-
S. 28 Motiv verrät ihm Fricka's Begehren: „*Ich vernahm Hunding's Not, um Rache rief er mich an: der Ehe Hüterin*

---

*) In Form von 53 a als Motiv seelischer Erregung verallgemeinert. später vielfach angewandt. (Vergl. die ähnliche Figur von Motiv 51 a).

II. Aufzug, I. Scene (Textbuch S. 27—32).

hörte ihn, verhiess streng zu strafen die That ...."
Wotan's Entschuldigung mit der „*Minne Macht*" (Minne-
Motiv) lässt Fricka nicht gelten, und mit Einleitung des
Motivs 55 fragt sie ihn höhnend, ob er Ehebruch rühmlich
achte. Wotan sagt dagegen, dass er der Zwangsehe zwischen
Hunding und Sieglinde keinen Vorschub zu leisten vermöge,
und rät ihr, den Bund der wirklich sich Liebenden zu segnen.
Der Empörung über diese Genugthuung giebt das Orchester
in einem chromatisch von p bis $f\!f$ sich steigernd emporfahrenden Lauf in gebrochenen Oktaven Ausdruck, und in Textb.
höchster Entrüstung bricht Fricka in die Worte aus: „*So* S. 29
*ist es denn aus mit den ewigen Göttern, seit du die
wilden Wälsungen zeugtest?*" Bei den Worten: „*O was* S. 30
*klag' ich um Ehe und Eid, da zuerst du selbst sie ver-
sehrt*" hören wir den Schmiede-Rhythmus der Nibelungen,
welcher auf den Raub des Nibelungen-Ringes und auf den
den Riesen gegenüber gebrochenen Vertragseid, für den der
Ring wieder hingegeben werden musste, hindeutet. Vergebens
erklärt Wotan seiner Gemahlin, dass er in Siegmund den
freien Helden gefunden zu haben hofft, der als Sühne für S. 31
seine — des Gottes — Schuld den Ring den Rheintöchtern
wiedergewinnen soll, denn Fricka wirft diese Berechnung
mit der Wahrheit ihrer Behauptung um, dass Siegmund
nicht frei, sondern unter Wotan's Einfluss gehandelt habe: „*Du* S. 32
*schufs't ihm die Not, wie das weidliche Schwert.... doch
Siegmund verfiel mir als Knecht!*" Während Fricka's Rede
drücken auch die Mienen Wotan's einen wachsenden Unmut aus,
der sich in einem häufig wiederkehrenden Motiv ausspricht:

56. (Wotan's Unmut-Motiv.)

Wotan wird nun durch Fricka immer mehr auf den
Beschluss von Siegmund's Ende hingetrieben; denn weder

Textb. Wotan's Versicherung: „*Ich — schütze ihn nicht*" noch:
S. 33 „*Er geh' seines Weg's*" genügen ihr; ihre Forderung fasst
S. 34 sie in die Worte zusammen: „*Der Wälsung fällt meiner Ehre: — emphah' ich von Wotan den Eid?*" Da, nach gewaltigem inneren Kampf, wirft sich Wotan in höchstem Unmut (unter dem Klange des Motivs 56) auf einen Felssitz, und grimmig kommt es von seinen Lippen: „*Nimm den Eid!*" Stolz verlässt Fricka den Gatten und ruft der
S. 35 ihr entgegenkommenden Brünnhilde triumphierend zu: „*Heervater harret dein: lass' ihn dir künden, wie er das Loos gekiest.*" Dass in der ebengedachten Unterredung an den entsprechenden Stellen Vertrags-, Minne- und Hunding-Motiv vertreten sind, braucht kaum erwähnt zu werden. Das aus dem Rheingold stammende Vertrags-Motiv, welches gebraucht wird, wenn von Verträgen oder von Wotan's Speer (dem Symbol des Vertrag-Schutzes) die Rede ist, lautet im Original:

57 (R 14). (Vertragsmotiv.)

es besteht aus einer in den tiefen Instrumenten abwärtssteigenden Figur, die immer das Wesentliche ihres Typus wahrt. Die Scene schliesst mit dem mehrmals wiederholten, bei jeder Wiederholung auf niederer Tonstufe ansetzenden Unmuts-Motiv Wotan's (56) in Cello, Bass-Klarinette und Fagott, während die Kontrabass-Tuba als Orgelpunkt das Kontra-**Es** aushält, und ein dumpfer Paukenwirbel dem Thema eine höchst charakteristische Folie verleiht. —

Scene II.

Brünnhilde gewahrt mit besorgter Miene den in dumpfem Sinnen Dasitzenden, und ihre Vermutung, dass die Unterredung zwischen Wotan und Fricka ein böses Ende genommen habe, — sie schloss dieses aus den Mienen Fricka's, die ihr soeben begegnete — sieht sie bestätigt. Wotan's Willen und Lebensfreudigkeit scheinen gebrochen, und das einzige Gefühl, dessen er fähig ist, sagt uns das immer wieder auftretende Motiv 56. Nach längerem Schweigen hören wir abgebrochene, verzweifelte Ausrufe des Gottes, die Brünnhilde entsetzen; — sie wirft Speer, Schild und Helm von sich und stürzt Wotan zu Füssen: „*Vater, Vater, sage, was ist dir?*" Das Flucht- und Minne-Motiv (Motive 37 und 38) antworten für den Schweigsamen, der nicht weiss, wie weit er Brünnhilden seine Erlebnisse erzählen, und ob er sie in die Prophezeihungen Erda's — der urweisen Seherin und Mutter Brünnhildens — einweihen soll. Doch Brünnhilde ist ja nur ein Teil des eigenen Willens des Gottes, und so erzählt er ihr dann, was wir schon wissen.

Die Rede Wotan's ist der gesamte Hergang des ersten Teils unseres Dramas, des „Rheingold" und füllt die Lücke zwischen Rheingold und Walküre insofern aus, als sie uns mitteilt, dass Wotan, um Genaueres über den von ihr prophezeiten Götter-Untergang von Erda zu erfahren, zu ihr hinabgestiegen sei; dass ihm Erda Brünnhilde und die acht Schwestern (also die neun Walküren) geboren habe, die ihm Helden für Walhall wählen sollten, um für den Fall der Fehde mit Alberich's Scharen, die ihm nach Erda's Aussage den Untergang bereiten, gerüstet zu sein, „*ein schmähliches Ende der Ewigen zu wenden.*" Ferner erfahren wir, dass Fafner, der eine der Riesen, sich in einen Drachen verwandelt hat und nun den Nibelungen-Hort und mit ihm den Ring hütet. Alberich darf dieser Ring nicht zufallen, sonst ist das Ende der Götter durch ihn unabwendbar, er selbst (Wotan) darf jedoch gegen Fafner nichts unternehmen, da er sonst den Vertrag (d. h. die Überlassung des Nibelungenhortes für die Erbauung Walhalls) mit dem Riesen brechen und damit neue Schuld zur alten häufen würde. Den einzigen Ausweg, den Erda ihm gewiesen — wir berührten schon vorher jenen Punkt — dass ein Held, dem kein Gott helfend zur Seite steht, den Ring erbeutet und dem Rhein zurückgiebt, — diesen Ausweg hat Wotan sich selbst unmöglich gemacht; denn den Helden Siegmund, von dem er die erlösende That erwartete, hat er beeinflusst. Zum Schlusse berichtet Wotan, dass Alberich durch Goldes Macht sich eines Weibes Gunst erzwang, das ihm einen Sprössling gebären wird*) . . . . so wächst der Nibelungen Macht. — Wotan sieht das Ende drohen, und sich in das Unabänderliche fügend, will er selbst das Ende: „*Auf geb' ich mein Werk, eines nur will ich noch, das Ende, — das Ende!*" Auch thematisch zieht diese Erzählung Wotan's an uns vorüber. Neu ist eine Umgestaltung des Werde-Motivs (oder Erda-Motivs):

58 (R 3). (Werde- oder Erda-Motiv.)

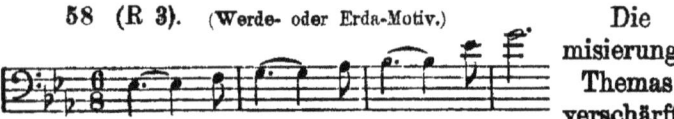

Die Rhythmisierung dieses Themas wird verschärft, das ganze Motiv wird auf einen Takt zusammengedrängt, und seinem sich abwärts neigenden Schluss gesellt sich Motiv 56 hinzu. Was Erda, der der Komponist in so charakteristischer Weise das Werde-Motiv als Leit-Motiv zuerteilt, prophezeit hat, es erfüllt sich . . . . Doch das im Werden begriffene erregt den Unmut des Gottes: so setzt sich aus diesen beiden Motiven, dem Werde- und Unmut-Motiv, das „Götternot-Motiv" zusammen:

59. (Motiv der Götternot.)

Dieses Motiv wird sehr ausgiebig, auch ohne den Übergang in Motiv 56, mit dem es in seiner eigentlichen Bedeutung zusammenhängt, verarbeitet. Die Erwähnung von Alberich's Verfluchung des Ringes, den er berührt hat, und dessen Fluch sich nun auch an Wotan's Fersen heftet — denn den, der ihm lieb ist, den Wälsungen Siegmund, muss er verlieren — giebt Veranlassung, auch dieses Motiv in die

---

*) Der in der Götterdämmerung auftretende Hagen.

II. Aufzug, II. Scene (Textbuch S. 41—44).

Erzählung Wotan's einzuflechten. Das im Rheingold vorkommende Motiv hat folgende Gestalt:

60 (R 26). (Alberich's Ring-Fluch-Motiv.)

Wie durch Fluch er mir ge - riet, verflucht sei die - ser Ring.

Den Schluss der Erzählung Wotan's bildet dramatisch höchst wirkungsvoll der „Nibelungen-Segen": *„So nimm meinen Segen, Niblungen-Sohn! Was tief mich ekelt, dir geb' ich's zum Erbe, der Gottheit nichtigen Glanz: zernage sie gierig dein Neid!"* zu dessen Worten in den Posaunen krampfhaft zuckend das Walhall-Motiv (Motiv 41) mit dem Rheingold-Motiv gepaart vernommen werden, während die Becken dazu wild erdröhnen: Textb. S. 42

61 (R 9). (Rheingold.)

Blasinstr.

Den der Erzählung Wotan's folgenden Worten der Walküre: *„O sag', künde! was soll nun dein Kind?"* folgte bis zur Doppelpunktierung der langen Noten verzerrt der erste Teil des Motivs 59 wie eine bange Frage an das Schicksal. Die Antwort Wotan's aber lautet: *„Fromm streite für Fricka ... Fällen sollst du Siegmund, für Hunding erfechten den Sieg!"* Brünnhilde, welche diese Antwort Wotan's nicht begreift, versucht ihn andern Sinnes zu machen. Doch der Entschluss des Gottes steht fest; traurig sieht sie Wotan davon stürmen und wendet sich dann selber langsam zum Gehen. Die Scene schliesst im *pianissimo* mit gedämpften Streichinstrumenten, in welchen mit dem Engl. Horn imitierend Thema 59 bedeutungsschwer ausklingt. S. 43

Scene III.

In bewegtem Tempo ertönt das Flucht-Motiv (Motiv 37). Siegmund und Sieglinde, vor Hunding fliehend, (Hunding- S. 44

Textb. Motiv 40 in Trompete u. Posaune) erscheinen. Sieglinde
S. 45 eilt hastig voran, während Siegmund sie vergeblich zum Ausruhen veranlasst. Sein zärtliches Zureden und die Bitte, nicht so in hastiger Flucht und wortlos vorwärts zu stürmen, werden mit dem Minne-Motiv (Motiv 38) abgeschlossen; Flucht- und Minne-Motiv werden fortwährend im folgenden thematisch verarbeitet. Sieglinde ist von den peinigenden Gedanken gequält, dass, nun sie die die wahre Liebe kennen gelernt hat, die bisherige Ehe mit Hunding als Schmach auf ihr ruhe. Und dieser Gedanke zusammen mit der Aufregung des jüngst Erlebten, aber auch das Bewusstsein einer Schuld gegen Hunding, ruft Wahnvorstellungen in ihr hervor: sie hört Hörnerklang (Hunding-Motiv), sie hört den verfolgenden Hunding, der ihr Sippen und die Meute der Hunde nachhetzt. Das Orchester leiht den Visionen Sieglinde's beredten Ausdruck. Mit Benutzung charakteristischer Figuren schwillt es bis zum *ff* der höchsten Extase an und sinkt schliesslich ohnmächtig, vorzugsweise unter Benutzung des Flucht-Motivs bis zum *ppp* hinab, die Scene mit dem Minne-Motiv beschliessend, während Siegmund in rührender Sorglichkeit die Ermattete, die in seinen Armen einschlummerte, bewacht.

Scene IV.

Die Tuben lassen in dumpfem *pp* das Todverkündungs-Motiv*) hören:

62. (Motiv der Todverkündung.)

und während es sich wiederholt und dann auch durch Aneinanderkettung und mit einleitenden Noten versehen noch eindringlicher gestaltet hat,

---

*) Entgegen der vielfach ausgesprochenen bezw. nachgesprochenen Ansicht, dass dieses Motiv eine Frage an das Schicksal oder einen Mahnruf bedeute, nennt es der Verfasser, wie oben angegeben, denn es erscheint mit der todverkündenden Walküre und begleitet als Hauptmotiv die auf den Tod bezüglichen Worte. Ebenso ertönt es vor dem Tod Hunding's mit dem Erscheinen Wotan's, der ihm den Tod giebt; auch wird es in „Siegfried" und „Götterdämmerung" derartig angewandt.

II. Aufzug, III. und IV. Scene (Textbuch S. 45—53). 55

63.

kommt Brünnhilde, **Textb.**
ihr Ross am Zügel **S. 48**
führend, langsam auf
Siegmund und Sieg-
linde zugeschritten.
Auf seine erstaunte Frage: *„Wer bist du, sag', die so schön
und ernst mir erscheint?"* da sie ihn mit den Worten
angeredet hat: *„Siegmund! sieh auf mich! ich — bin's,
der bald du folgst"* entgegnet Brünnhilde (wieder in Begleitung von Motiv 62): *„Nur Todgeweihten taugt mein
Anblick: wer mich erschaut, scheidet vom Lebenslicht."*
Im Folgenden teilt die Walküre Siegmund mit, dass sie ihn
nach Walhall führen will, wo er Wälse, den Vater, wieder- **S. 49**
finden, wo ihn die Schar gefallener Helden froh begrüssen
wird, und ihm Wotan's Tochter traulich den Trank reicht.
Zwar verfehlen diese Worte Brünnhilden's nicht, einen Eindruck auf ihn zu machen; doch als er die Walküre fragt,
ob auch Sieglinde ihn begleite und Brünnhilde dieses
verneint, ruft Siegmund: *„So grüsse mir Walhall, grüsse* **S. 50**
*mir Wotan, grüsse mir Wälse und alle Helden . . .
zu ihnen folg' ich dir nicht."* Vergebens verspricht
Brünnhild sich, um des Pfandes willen, das Sieglinde von
ihm empfing (Bruchstücke des Lenz- und Liebesliedes)
ihrer anzunehmen. Als aber die Walküre ihm sagt, dass
das Schicksal ihn unerbittlich von Sieglinden reissen wird,
da auch Nothung das Schwert ihm gegen das Schicksal
nicht helfen könne, da zückt er das Schwert, *„denn* **S. 52**
kein anderer als ich soll die Reine lebend berühren."
Brünnhilde, die bis hierher den Befehl Wotan's vertreten hat, **S. 53**
wird dadurch von heftigem Mitgefühl ergriffen: *„Halt' ein,
Wälsung! höre mein Wort, Sieglinde lebe — und
Siegmund mit ihr!"* — Das Walhall-Motiv sowie das Hunding-Motiv, das Walküren- und Todverkündungs-Motiv, Flucht-
und Minne-Motiv spielen in der eben erwähnten Zwiesprache
dem Inhalt gemäss natürlich eine grosse Rolle.

Ein Motiv, das ganz speziell in dieser Scene angewandt wird, muss als das „Motiv der Auflehnung gegen das Schicksal" benannt werden. Es folgt zum ersten Mal nach Siegmund's Worten: „*Zu ihnen folg' ich dir nicht*" (siehe Citat), erscheint dann verschiedentlich leise und laut grollend zu den Worten Siegmund's oder auch zu denen Brünnhildens — gepaart mit dem Todesverkündungs-Motiv — sowie in gewaltigem *crescendo* und mehrfacher, rasch aufeinander folgender Wiederholung.

64.

Siegesfroh blickt Siegmund der davoneilenden Walküre nach. Ein bewegtes, auf den herannahenden Verfolger deutendes Nachspiel beschliesst diese Scene — eine der psychologisch interessantesten des ganzen Werkes — und das Minne-Motiv leitet zur folgenden über.

Scene V.

Textb. S. 54

„*Zauberfest bezähmt ein Schlaf der Holden Schmerz und Harm.*" Sieglinde schläft in den Armen Siegmund's, und die zarte Begleitung der Streichinstrumente *(ppp con sordini)* setzt das die vorhergehende Scene abschliessende Motiv fort, und im Selbstgespräch fortfahrend überlegt Siegmund, froh über die endliche Ruhe Sieglinde's: „*Da die Walküre zu mir trat, schuf sie ihr den wonnigen Trost?*" Doch, gleichsam wie eine Verneinung, ertönt in den Trompeten und Posaunen *pp* das Todverkündungs-Motiv (62) als ein ergreifender Kontrast, den baldigen Todesschlaf des Helden selbst verkündend. — „*Sollte,*" fragt sich Siegmund, „*die grimmige Wahl nicht schrecken ein gramvolles Weib?*" — Auf diese Worte antwortet das Orchester mit der Andeutung des im letzten Akt ausgiebig verwendeten Schlummer-Motivs. „*Ein lächelnder Traum*" durchzieht die Seele Sieglinde's:

II. Aufzug, IV. und V. Scene (Textbuch S. 54—56).

sie träumt von Siegmund, denn im *piano dolce* ertönen ihr die Klänge des Lenz- und Liebesliedes. — Er lehnt sie auf den Steinsitz zurück. — Ach, schon zu lange währten die Augenblicke der Ruhe: dem Flucht-Motiv (37) in der Klarinette folgen nachdem die Streichinstrumente die Dämpfer entfernt haben, ein Hornruf im Hunding-Motiv-Rhythmus, und das Schwert ziehend (Siegschwert-Motiv 45), stürmt Siegmund den Fels hinan, um den sich gewitterschwangeres Gewölk gelagert hat. Die Verfolgungsfiguren, Sextolen mit reichlicher Chromatik, wogen auf und nieder. — Sieglinde träumt weiter; doch scheint ihr Traum von der Wirklichkeit beeinflusst zu werden. Sie wird unruhig, stösst ängstliche Rufe aus und springt plötzlich infolge eines heftigen Blitzes und Donners völlig erweckt auf. Ihr erster Schrei: „*Siegmund! — Ha!*" — verhallt fast im losbrechenden Unwetter, durch welches unheimlich der Hornruf Hunding's dringt. Die gewaltige, nun folgende Kampf-Scene: der Kampf zwischen Menschen, zwischen Menschen und Göttern und den Naturgewalten, ist von packender Dramatik, die sich in beschreibenden Worten kaum wiedergeben lässt. In das Getöse der Elementargewalten mischen sich die Stimmenrufe der Streitenden und deren Motive, Schwert- und Hunding-Motiv, von denen das letztgenannte durch immerwährende Wiederholung der beginnenden Triolenfigur des Motivs auf stufenweise steigenden Anfangstönen gewaltig, unheildrohend anwächst. Doch noch schmettert in den Posaunen der schützenden Walküre siegesfreudiges „Johotoho!" ... Da plötzlich bricht, als Siegmund eben zum tödlichen Streich auf Hunding ausholen will, glühendroter Schein durch das Gewölk. — Entsetzt weicht die schirmende Brünnhilde zurück; das Schwert-Motiv erklingt *ff* in dumpfem C-moll, — die trotzig emporstrebende Figur des Siegschwert-Motivs wird durch das wuchtige Speer-Motiv Wotan's (57) in die Tiefe gezogen ... Das Siegschwert zerschellt an Wotan's Speer. Grelle *fortissimo*-Läufe der Streicher enden in erschütternden

Textb. S. 55

S. 56

Schlägen des ganzen Orchesters: in dem gellenden Frohn-Motiv*) (54) als einem Triumphrufe der dunkeln Nibelungen-Macht. Dem Unbewehrten hat Hunding den Speer in die Brust gestossen: Siegmund fällt, — Sieglinde aber bricht mit einem Schrei ohnmächtig zusammen. Mit der Bezeichnung *piu diminuendo, piano e rallentando* klagt in sich bis zum *pp* abschwächendem, düsterem D-moll Motiv 42 um den gefallenen Helden. Einige Augenblicke hindurch beruhigt sich das Getöse. Brünnhilde kommt in den Vordergrund der Scene gestürzt, hebt Sieglinde auf ihr Ross und entflieht. Da erschallt es wieder, das Todverkündungs-Motiv (Textb. S. 57.) (*pp* in den Tuben), und Wotan's Donnerstimme ruft verächtlich: „*Geh' hin, Knecht! kniee vor Fricka: meld' ihr, dass Wotan's Speer gerächt, was Spott ihr schuf. — Geh'! — geh'!*" Eine Handbewegung des Gottes, — ein kurzer in Violoncell und Kontrabass absteigender Lauf, — Hunding sinkt leblos zusammen. Doch Brünnhilde, die gegen seinen Befehl handelte (Unmut-Motiv 56) wird ihrer Strafe nicht entgehen: das Nachspiel illustriert kurz den der Walküre nachjagenden, zornigen Wotan mit Benutzung von Motiv 59, und unter dem wieder bis zum *fortissimo* aufbrausenden Gewittersturm des Orchesters verschwindet der Gott.

Dritter Aufzug.

Vorspiel.

Dieses gemeinhin „Walküren-Ritt" benannte Vorspiel zum dritten Akt ist ein Stimmungsgemälde, wie es farbenprächtiger, darstellungsgetreuer — trotz seiner Knappheit — grösser angelegt in Form und Ausdruck kaum möglich ist. Trotzdem man das Vorspiel als Konzertnummer aus dem Drama vielfach brutal herausreisst, ist es als eine

---

*) Überhaupt verallgemeinert sich der Begriff des Frohnmotivs allmählig in den des „Unheilsmotivs"; denn es ist der Machtruf Alberich's, von dem den Göttern, und somit auch den Wälsungen, Gefahr droht.

II. Aufzug, V. Scene, III. Aufzug, I. Scene (Textbuch S. 57).

Einleitung in des Wortes eigenster Bedeutunng so innig mit dem ihm folgenden Akte verwachsen, dass dieser nicht ohne jenes, jenes nicht ohne diesen gedacht werden kann.

Der dem „Hojotoho!" zuweilen angehängte Triller, in Verbindung mit Figur 51a, leitet das Vorspiel dieses Aktes als ein selbständiges Gebilde ein und versetzt uns sofort in die richtige Stimmung. Der im Walküren-Motiv (51)

65.

vorwaltende Rhythmus mit Punktierung der ersten Note, welcher so treffend das Galoppieren der Walküren-Rosse versinnbildlicht, zieht sich als Grundrhythmus durch diese Einleitung, welche neben der thematischen Verwertung von Motiv 51 und 52 eine Anzahl von Gewittersturm-Figuren aufweist. Diese erwähnten Figuren sind von oben nach unten jagende Sechzehntel-Gebilde (oft mit Auftakt von 51a), deren Eigentümlichkeit es ist, aller Takteinteilung entgegen als Triolen, Quintolen, Oktolen und später Septimolen einherzustürmen, wodurch unnachahmliche Ursprünglichkeit und wilde, gleichsam ungesetzmässige Kraft dieser elementaren Gewalten zu treffendstem Ausdruck gelangen.

Scene I.

Das Auge blickt auf den Gipfel eines Felsenberges in wild romantischer Umgebung. Die Walküren, welche auftreten, sind ausser Brünnhilde: Rossweisse, Grimgerde (Sopran); Helmwige, Gerhilde, Ortlinde (Mezzo-Sopran); Waltraute, Siegrune, Schwertleite (Alt). Drei der Walküren erwarten mit jauchzendem „Hojotoho!" die Schwestern, die nach und nach, jede mit einem erschlagenen Helden im Sattel, herbeigejagt kommen. Übermütiges Plaudern und Lachen und fröhlich schallender Gruss der Harrenden und Neuankommenden schallt durch den Tann. Brünnhilde allein erwarten die Schwestern noch vergebens. Doch da kommt sie, — in ihrem Schutze aber ein Weib. Das Walküren-Motiv schweigt, an seiner Stelle erscheint das Motiv der Götternot (vergleiche Motiv 59) hier in einer Form, die einen kurzen Hinweis auf seine Konstruktion erheischt. Setzte sich Beispiel 59 aus Werde- und Unmut-Motiv zusammen, so setzt sich Motiv 66 aus dem Werde-Motiv und seiner Umkehrung, dem Untergangs-Motiv, zusammen und ist somit als eine Fortbildung von Motiv 59 aufzufassen: Das damals Werdende hat sich schon zum Teil erfüllt; dem Werden steht schon ein Untergehen entgegen. Übrigens weist auch schon die Form von Motiv 59 die aufwärtsstrebende und niedersinkende Linie der Konturen auf, wie sie hier noch prägnanter zum Ausdruck kommt; die Götternot ist hier schon Götterschicksal geworden:

66.*) (Motiv des Götterschicksals.)

Vcl. Kb.   66 a.   66 b.

Dieses Motiv begleitet einen grossen Teil der nun folgenden Erzählung Brünnhilde's, die, mit Sieglinde vor sich auf dem Sattel, atemlos in den Kreis der Schwester eilt, und illustriert die Worte der Walküre genügend. Bestürzt vernehmen die Walküren den Ungehorsam Brünnhildens gegen Wotan und scheuen sich ihr zu helfen. Vergeblich bittet Brünnhilde um ein Ross für Sieglinde, welcher der Tod jetzt am erwünschtesten ist: *„Stosse dein Schwert mir in's Herz"* fleht Sieglinde. Brünnhilde aber giebt Sieglinden alle Energie mit den Worten zurück: *„Lebe, o Weib, um der Liebe willen! Rette das Pfand, das von ihm du empfing'st: ein*

---

*) 66 a ist die gebräuchlichste Form des Werde-Motivs (des später auch als Nornen-Motiv angewandten), 66 b ist das Untergangs- oder speciell Götterdämmerungs-Motiv (vergl. R 27.)

III. Aufzug, I. Scene (Textbuch S. 57—68).

Wälsung wächst dir im Schoss!" Dem nunmehr dringenden, angstvollen Flehen Sieglinde's, sie und ihr Kind zu schützen, antworten die Walküren mit der Mahnung, eiligst zu fliehen, Textb. und Brünnhilde rät ihr die Richtung nach Osten zu, als die S. 67 sicherste für die Flucht vor Wotan, denn im Osten tief im Walde haust Fafner in Wurmesgestalt (Drachen-Motiv):

67 (R 25). (Drachen-Motiv.)

Kb.-Tuba.

ein Ort, den Wotan zu scheuen Grund hat; *„Fort denn, eile* S. 68 *nach Osten gewandt."* Diese und die folgenden Worte der Walküre sind musikalisch ein getreues Abbild der inneren Aufregung, mit der sie hervorgestossen werden. In lauter kurze Phrasen geteilt, von mannigfachen Pausen unterbrochen, beginnt jedes der abgerissenen Sätzchen mit einer hohen Note und sinkt, als wenn der Sprechenden der Atem ausginge, dann hinab. Nichts destoweniger liegt in jedem dieser kurzen Melodiebruchstücke ausserordentlich viel Wärme und weiche, liebevolle Fürsorge; die kleinen Pausen füllt das Orchester mit abgerissenen, hastigen Begleitungsfiguren aus. Allmählich wird die Rede ruhiger und gewinnt an Kraft; auch die Begleitung erhält Zusammenhang und zu den Achtel-Tremoli der Flöten, Oboen und Klarinetten in der Melodie, mit den Hörnern im *unisono*, hören wir das in seiner Art wohl schönste Helden-Motiv des ganzen Dramas — das Siegfried-Motiv:

68. (Siegfried-Motiv.)

Brünnhilde: Den hehr - sten Hel - den der Welt birgst du, o
[Eine Octave höher als das Horn.]

Walküre.

Textb.
S. 68

Weib, im schir-menden Schoss.

Hierauf zieht Brünnhilde aus ihrem Gewande die Stücken des Siegschwertes, die sie von der Walstatt mitgenommen und giebt sie Sieglinden mit dem Geheiss, sie für den künftigen Spross gut zu verwahren, der neugefügt das Schwert einst schwingen soll: „*Siegfried freu' sich des Sieg's! Siegfried, den Namen nehm er von mir!*" Das Schwert-Motiv folgt sodann in einem gewaltigen *crescendo* heilverkündend. Überglücklich beginnt Sieglinde ihren Dank mit dem herrlichen Motiv der Liebesallgewalt,

S. 69 welches in der Götterdämmerung wiederkehrt:

69. (Motiv der Liebesallgewalt.)

Du hehr - - - - - stes Wun-der!

und nimmt dann von Brünnhilde Abschied: „*Lebe wohl! dich segnet Sieglinde's Weh!*"

Scene II.

Schnell eilte Sieglinde von dannen, denn in immer stärker werdendem Gewittersturm mit Blitz und Donner naht Wotan. Brünnhilde verbirgt sich, und die Schwestern stellen sich, gleichsam ihren Versteck schützend, vor diesen. Der
S 70 grimmen Frage Wotan's nach Brünnhilde, der Verbrecherin, antwortet die Fürbitte der angstvollen Schwestern; doch Wotan schilt ihre Weichherzigkeit und fordert die Ungehorsame auf, vor ihn zu treten. — Demütig, doch festen
S. 71 Schrittes kommt diese aus ihrem Versteck: „*Hier bin ich, Vater; gebiete die Strafe.*" Hier ist es angebracht, auf die dichterische Schönheit der Antwort Wotan's hinzuweisen, der die Strafe nicht als eine besonders geschaffene, sondern nur als Konsequenz der strafwürdigen Handlung hinstellt

III. Aufzug, I., II. und III. Scene (Textbuch S. 68—74).

„*Deine Strafe*," sagt der Gott, „*schuf'st du dir selbst*": **Textb.**
„*Durch meinen Willen warst du allein: gegen ihn doch* **S. 72**
*hast du gewollt; meinen Befehl nur führtest du aus,
gegen ihn doch hast du befohlen; Wunsch-Maid war'st
du mir: gegen mich doch hast du gewünscht . . .; was
sonst du war'st, das sagte dir Wotan: was jetzt du bist,
das sage dir selbst! Wunsch-Maid bist du nicht mehr;
Walküre bist du gewesen: — nun sei fortan, was du
noch bist!*" Drei krampfhafte in den Streichern aufwärts-
gehende *crescendo*-Läufe kennzeichnen den Kraftaufwand
Wotan's zu diesen letzten Worten, denen er noch die Ver-
bannung aus Walhall und die Drohung, Brünnhilde in einen **S. 73**
wehrlosen Schlaf zu versenken, dem Manne zur Beute, der
sie findet und weckt, hinzufügt. In laute Klagen brechen
die Schwestern aus, doch Wotan (Motiv 56 im *ff* durch ver-
längerten Vorschlag verstärkt) droht mit gleichem Lose **S. 74**
derjenigen, die länger bei der Verlorenen weilt, und mit
Wehschreien fahren die Walküren auseinander und stürzen
sich in hastiger Flucht in den Tann. — Brünnhilde aber
ist vom Schmerz überwältigt niedergesunken nach den
Worten: „*Gebrochen ist unser Bund*": [eine aufwärts-
stürmende Passage jäh abbrechend, wird durch das schwer
niedersinkende Vortragsmotiv abgelöst] „*aus meinem An-
gesicht bist du verbannt.*"

Scene III.

Langes, feierliches Schweigen. — Wotan ist mit der
noch immer daliegenden Brünnhilde allein. Doch die augen-
blickliche Stimmung beider spricht sich in den Motiven aus,
die ihr Schweigen ergänzen, Motiv 56 (das Unmut-Motiv) sagt
uns, dass der Zorn des Gottes noch nicht beschwichtigt ist, denn
selbst dem in der Bass-Klarinette bittenden Frage-Motiv 70:

70. (Frage-Motiv)

dem Appell an Wotan's
Vaterliebe und Gerechtig-
keit, folgt wiederum
Motiv 56. Dann, einge-

leitet durch nochmaliges Motiv 70, hebt Brünnhilde zaghaft das Haupt mit der rührend kindlichen Frage:

Textb. S. 75 Brünnhilde: War es so schmählich, was ich verbrach, dass mein Ver-bre-chen so schmählich du be-

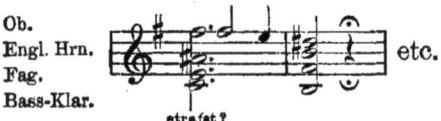

Ob. Engl. Hrn. Fag. Bass-Klar. strafst? etc.

Indem die Walküre ihre That dadurch zu rechtfertigen sucht, dass sie dennoch Wotan's ge-
S. 76 heimsten Gedanken und Wünschen, trotz seines von Fricka erzwungenen Gegenbefehls, gerecht zu werden gehofft habe,
S. 77 schildert sie ihm die Scene, wie sie todkündend vor Siegmund und Sieglinden getreten (erweitertes „Todverkündungs-Motiv", vergl. 63), und von der Macht der Liebe bezwungen, nicht anders hätte handeln können (Motiv 70). Doch Wotan macht ihr klar, dass es nicht so
S. 78 leicht sei, sich von der Minne bezwingen zu lassen; das habe sie an ihm gesehen, dessen Handeln der Liebe zum Wälsung nicht folgen durfte. Das Götterschicksals-Motiv wird bruchstückweise und zusammenhängend bei dieser Erklärung des Gottes angewandt. Als entgültiges Urteil aber
S. 79 tönt es von Wotan's Lippen: *„Du folgtest selig der Liebe Macht: folge nun dem, den du lieben musst."*

Fesselnder Schlaf soll Brünnhilde umfangen; wer so die Wehrlose findet, dem erwache sie zum Weib.

72. (Motiv des Schlafzaubers.

Hlzbl.

Dem Wunsche Brünnhilde's, wenn sie aus Walhall scheiden soll, sie wenigstens nur einem Helden — sie deutet im folgenden auf den Wälsungen-Spross (Motiv R 30 und 42) — zu bestimmen, weicht Wotan mit

III. Aufzug, III. Scene (Textbuch S. 75—83).

den Worten aus: „*Von Walvater schiedest du — nicht wählen darf er für dich.*" Aber Brünnhilde kann es nicht fassen, dass sie wehrlos einem Manne angehören soll, und um schliesslich nun doch von einem Helden gefunden zu werden, wagt sie als letzten Wunsch: „*Dass nur ein furchtlos freiester Held hier auf dem Felsen einst mich fänd', schütze mit scheuchendem Schrecken,*" — und ob auch Wotan einwendet: „*Zu viel begehrst du*", sie weiss: er muss es, er wird es ihr gewähren (Vertragsmotiv im *ff*): „*Auf dein Gebot entbrenne ein Feuer; den Felsen umglühe lodernde Glut: es leck' ihre Zunge, es fresse ihr Zahn den Zagen, der frech sich wagte dem freislichen Felsen zu nah'n!*" Textb. S. 81 S. 82

Wotan ist überwunden und blickt der Tochter gerührt ins Antlitz, und ergreifend ertönt sein Lebewohl; ihre Bitte ist ihr gewährt, sogar noch mehr: „*Denn Einer nur freie die Braut, der freier als ich, der Gott!*" Der „Eine" aber, tönt es in den Bläsern mit jenem herrlichen Motiv 68 prophetisch, ist Siegfried. Schon während der Bitte Brünnhilde's und den Worten Wotan's melden sich die Loge-(Feuergott-)Figuren; hier in folgender Gestalt (vergl. R 19): S. 83

73. (Feuerzauber-Motiv.)

das Flimmern und zuckende Aufflammen des unruhigen Elementes zeichnend. Ebenso tritt uns hier schon andeutungsweise das herrliche Schlummermotiv (**74**) entgegen, welches den Schluss dieses Werkes bildet und in seiner vollendeten Gestalt mit Begleitung der Loge-Figuren folgendermassen klingt:

74. (Schlummer-Motiv.)

Gerührt sinkt Brünnhilde Wotan an die Brust, und der unvergleichliche Abschiedsgesang Wotans wird durch das in wahrhaft erhabener und ergreifender Weise angewandte Motiv 70 im $^4/_4$-Takt:

75. (Abschieds-Motiv.)

Textb. S. 83

eingeleitet. Zum Schluss des Abschieds Wotan's von seinem Liebling, welcher zum grössten Teil mit der Melodie von Motiv 74 begleitet wird, küsst er „*der Augen leuchtendes Paar*". Zu den Worten: „*Denn so — kehrt der Gott sich dir ab — so küsst er die Gottheit von dir*" erklingt bedeutungsvoll das Entsagungs-Motiv (Motiv 48). Eine doppelte Bedeutung können wir der Anwendung des Motivs an dieser Stelle unterlegen: die nächstliegende Veranlassung ist der Abschied von seinem Kinde, das er lieb hat; dann aber weiht er sie durch diese Entgötterung zur Mithilfe am Erlösungswerk: auch sie wird einst „*der Liebe Macht entsagen*" müssen, aber nur um wahre Liebe zu erkennen und durch ihre Hilfe der Welt zu spenden, wie wir in der Götterdämmerung sehen werden.

Im *ppp* erschallen die mystischen Harmonien von Motiv 72 ... Wotan küsst sie, und mit geschlossenen Augen, sanft ermattend, sinkt sie in seine Arme. Er bettet sie unter einem Baum auf einen Mooshügel, setzt ihr den Helm auf, deckt sie mit dem grossen Walkürenschilde und wendet sich dann mit einem letzten schmerzlichen Blick auf die Schlafende dem Hintergrunde zu, und den Speer schwingend (*ff* das S. 84 Speer-Motiv R 14) ruft er den Feuergott: „*Loge, hör'!*... *Herauf, wabernde Lohe, umlod're mir feurig den Fels.*" — Dreimal stösst Wotan mit dem Speer gegen den Felsen,

III. Aufzug, III. Scene (Textbuch S. 83—84).

und beim dritten Stosse, da bricht es hervor, das prasselnde Element, dem der Gott mit dem Speer den Weg weist. Das Motiv des Feuerzaubers greift, den züngelnden Flammen gleich, um sich, während das Schlummermotiv wie von den Flammen getragen darüber schwebt. Aus der Tiefe aber steigt in Trompeten, Posaunen und Tuben sieghaft das Siegfried-Motiv empor, zu dem die letzten Worte des Gottes erklingen: *„Wer meines Speeres Spitze fürchtet, durchschreite das Feuer nie!"*

Wirbelnd schlägt die Lohe über Brünnhilden und dem davonschreitenden Wotan zusammen. Leiser und leiser werden die Töne, sich gleichsam selbst in Flammen auflösend. Das sich erfüllende Schicksal mahnt noch einmal *pp* mit dem Todverkündungs-Motiv, denn noch ist das Werk der Erlösung nicht vollbracht. Doch auch sein Ruf verklingt in den sich nach der Höhe zu im zartesten *pianissimo (ppp)* verlierenden Klängen und aufsteigenden Flammen, die Menschen- und Götter-Schicksal verbindend sich von der Erde losringen, um, ein Wahrzeichen der beginnenden Sühne, sich gen Walhall zu schwingen.

III. Siegfried.

Zweiter Tag aus der Trilogie.

[Die am Rand vermerkten Seitenzahlen geben die Stellen im Textbuch (Verlag von B. Schott's Söhnen, Mainz) an. Vgl. die Einleitung zu Rheingold.]

Das Vorspiel

zu dem zweiten Abend der Trilogie führt uns in die Gedankenwelt des Zwerges Mime, des Nibelungen, des geschickten Schmiedes. Mime hat Siegfried, den Sohn Sieglinde's, die bei der Geburt des Knaben starb, aufgenommen und erzogen, und hat mit dem Knaben seinerzeit die Bruchstücke des Siegschwertes Notung, welches dem Vater Siegmund's bei seinem Tode an Wotan's Speer in Stücken sprang, als einziges Vermächtnis Sieglinde's für Siegfried erhalten. Da sitzt nun der kluge Schmied, doch vergeblich sinnt er, wie es ihm gelänge, das Götterschwert wieder zusammenzuschweissen. Das Vorspiel beginnt demgemäss über einem dumpfen Paukenwirbel mit dem Motiv des Sinnens (76).*) Dazu ertönt das Schmiede-Motiv, sowohl als Motiv, wie auch als blosser Rhythmus, als Charakteristikum Mime's, aber auch des ganzen erzschmiedenden Nibelungen-Geschlechtes vielfach angewandt. Das Schmiede-Motiv tritt melodisch meist in ähnlicher Weise (77a) auf, wie an dieser Stelle:

76 (R 24). (Motiv des Sinnens.)

77. (R 8).
(Schmiede-Motiv-Rhythmus.)

---

*) Die Numerierung der Beispiele erfolgt durch sämtliche Teile der Trilogie, vom Rheingold beginnend, mit fortlaufenden Nummern. Die aus Rheingold oder Walküre stammenden Motive werden, wenn sie in ihrer Anwendung im Siegfried sich nicht wesentlich von ihrer Originalgestalt unterscheiden, in dieser wiedergegeben. Ein R bei der Ziffer bedeutet, dass das Motiv in der gegebenen Form und Nummer im Rheingold, ein W, dass es in der Walküre zum ersten Mal auftrat.

Vorspiel. 69

77 a.

Das Auftreten des Frohn-Motivs (78) hat hier schon jene Nebenbedeutung, mit der es so bezeichnend später, zumal in der Götterdämmerung, verwendet wird, in welchem letztgenannten Abschnitt unseres Dramas die Bezeichnung Unheils-Motiv an den Platz der soeben erwähnten mit voller Berechtigung einzusetzen ist, da die Knechtung des Götter- und Wälsungen-Geschlechtes durch die Nibelungen gleichbedeutend mit deren Unheil, ihrem Untergang, ist.

78. (R 7.)
(Frohn- oder Unheils-Motiv.)
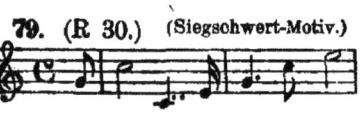

Das Wesentliche an diesem Motiv ist der Vorhalt der kleinen Sekunde. In unserm Vorspiel wird das Motiv auch noch mit einem mehrtönigen Vorschlag vielfach versehen, der, Geisselhieben ähnlich, die bizarre Wirkung des Motivs verstärkt. — Der Gedankengang Mime's wird in der Zusammenstellung der nun schnell aufeinander folgenden Motive klar: Notung, das Siegschwert

79. (R 30.) (Siegschwert-Motiv.)

soll in Siegfried's, des starken Jünglings Hand ihm nützen, den in einem Drachen verwandelten Fafner (sein Motiv in der Form von 80; der Hauptsache nach eine auf und nieder kriechende Figur in tiefer Tonlage) zu töten, der den aus dem Rheingold geschmiedeten Machtring und den Nibelungenhort hütet.

80. (R 25.) (Drachen-Motiv.)
Vcl.
Kb.

81. (R 11.) (Ring-Motiv.)

Der Welt Er - be ge-wän-ne zu ei-gen, wer aus dem

 denn Mime geizt nach Macht; er will Herr sein (Frohn-Motiv).

Erster Aufzug.

Scene I.

Wir blicken in eine Felsenhöhle, die durch Natur und Kunst gestaltet einer Schmiedewerkstatt dient. Mime (Tenor) sitzt eifrig an der Arbeit. Er hämmert unter den Klängen
Textb. des Schmiede-Motivs an einem Schwert. Doch „*Zwangvolle*
S. 5 *Plage! Müh' ohne Zweck!*" Keines der Schwerter, die er schmiedet, hält in der starken Faust seines unbändigen Zöglings Siegfried, und unmutig wirft Mime die Arbeit bei Seite. Das Motiv des Sinnens, welches kläglich in den Fagotten erklingt, giebt seiner erfolglosen Quälerei beredten Ausdruck. Sein Sinnen und Trachten aber: der Tod Fafner's (Drachen-Motiv) und damit die Erwerbung des Ringes sind nur durch Notung, das Siegschwert (Siegschwert-Motiv in den Hörnern), denkbar. Aus der in höchster Ungeduld wieder aufgenommenen Schmiedearbeit schreckt ihn der Hornruf Siegfried's.

Dieses frische, die **naturkräftige**, überschäumende Lebenslust und Energie zeichnende Motiv kommt im Verlaufe des Musikdramas an diese drei angegebenen Grundformen sich
S. 6 anlehnend vor. Unter übermütigem „Hoiho!" stürmt Sieg-

I. Aufzug, I. Scene (Textbuch S. 5—10). 71

fried (Tenor) in die Höhle, einen gefesselten braunen Bären
unter unbändigem Lachen auf Mime hetzend, und antwortet
dem entsetzt sich flüchtenden Mime, dass der Bär mit ihm **Textb.**
gekommen, um zu fragen, ob das Schwert endlich fertig sei. **S. 7**
Mime bejaht es, und Siegfried lässt den entfesselten Bären,
den er sich, wie er Mime versichert, als guten Gesell mit-
gebracht habe: („*er gefiel mir besser als du*") sich in den **S. 8**
Wald trollen. Nun prüft Siegfried die Waffe, die der
Schmied ihm gefertigt hat, doch ein Schlag, — und dem
erschrockenen Zwerge fliegen die Stücke seines Machwerks
um die Ohren. „*Hei! was ist das für müss'ger Tand!
Den schwachen Stift nennst du ein Schwert?*" Mime
muss es sich gefallen lassen, ein Stümper in seiner Kunst
genannt zu werden, und zu den erregten, scheltenden Worten
Siegfried's hören wir das Motiv der Thatkraft und Thatenlust,
die seine Brust schwellen. Doch mit solchen Schwertern
kann er die Thaten, nach denen Mime ihn lüstern macht,
nicht vollbringen.

83. (Motiv der Thatkraft.)

Mime ist von Siegfried's Schelten eingeschüchtert, bietet
diesem das Essen an, welches er ihm bereitet; doch mit **S. 9**
rauhen Worten schlägt der Jüngling ihm Topf und Speise
aus der Hand. Nun aber ist es an dem sich empfindlich
stellenden Mime, Moral zu predigen, und zusammen mit den
Wohlthaten, die er Siegfried als hilflosem Kinde erwiesen,
hält er ihm seine Undankbarkeit in einer endlosen **Litanei** **S. 10**
vor, welche mit ihrer kläglichen Melodik im Verein mit
Mime's Intonation und Geberdenspiel höchst ergötzlich wirkt.

84. (Mime's Erziehungslied.)

Textb. Siegfried hat mit Ruhe das Lamento des Zwerges,
dessen Gesang schliesslich in Schluchzen übergegangen ist,
S. 11 angehört und giebt zu, dass er manches dem Zwerge zu
danken habe; „*doch was du am liebsten mich lehrtest,*"
fährt er fort, „*zu lernen gelang mir nie: — wie ich dich
leiden könnt'.*" Schon das hässliche Äussere Mime's ist
diesem kraftvollen Naturkinde zuwider, und der Rede Siegfried's gemäss lässt Wagner das Orchester das „*Gangeln
und Geh'n, Knicken
und Nicken*" des
Zwerges sehr originell
veranschaulichen:

85.

Streicher
col legno

Als Kontrast-Motiv zu dem Lied Mime's tönt daneben
fortwährend das frische Motiv der Thatenlust (83). Eines
jedoch kann Siegfried nicht begreifen, dass er trotz seines
Hasses gegen Mime doch immer wieder zu ihm zurückkehrt.
S. 12 Aber Mime weiss Rat: „*Jammernd verlangen Junge nach
ihrer Alten Nest; Liebe ist das Verlangen: so lechzest du
auch nach mir ... Was dem Vögelein ist der Vogel, ...
das ist dir kindischem Spross der kundig sorgende Mime.*"
Dagegen wendet Siegfried sehr folgerichtig ein, dass er im
Walde die Vögel und wilden Tiere beobachtet habe, und dass das
junge Geflügel, Wölfe und Füchse von Männchen und Weibchen
S. 13 behütet würden. „*Wo hast du nun, Mime, dein minniges
Weibchen, dass ich es Mutter nenne?*" Den Worten Mime's,
dass Siegfried auch kein Vogel oder Fuchs sei, und er ihm
Vater und Mutter zugleich bedeute, hält Siegfried entgegen,
dass die Jungen den Alten gleichen, doch sein Bild im klaren
S. 14 Bache gleiche nicht Mime. Nun plötzlich fällt es ihm ein,
warum er immer wieder zu Mime zurückkehrt: er muss noch
von ihm erfahren, wer sein Vater und seine Mutter sind.
„*Was Vater! was Mutter! Müssige Frage*" will ihm Mime
ausweichen; doch Siegfried's Faust macht ihn gefügig. Zu-
S. 15 nächst gesteht Mime, dass er nur der Erzieher des Knaben
sei. Dann beginnt die eigentliche Erzählung, welche mit der

I. Aufzug, I. Scene (Textbuch S. 11—18).

Bass-Klarinette (einer Klarinette in tiefer Tonlage) durch das Motiv der Wälsungen-Not (W 39) weich und stimmungsvoll im Verein mit dem Sieglinde-Motiv im Fagott (W 34) eingeleitet wird. Siegfried erfährt nun, was wir schon wissen. Bei der Erwähnung des Todes seiner Mutter und seiner eigenen Geburt lassen die Hörner im *p* das Siegfried-Motiv (W 68) ertönen.

88 (W 68). (Siegfried-Motiv.)

Siegfried erfährt auch auf sein eindringliches Fragen den Namen seiner Mutter, doch nicht den seines Vaters, und unglaublich komisch klingt es, wie Mime immer wieder im Anschluss an die Antworten, die Siegfried ihm abnötigt, die Weise des oben citierten Beispiels Nr. 84 einflicht. Einen Beweis für die Wahrheit der Erzählung des Zwerges erhält Siegfried sodann in den Schwertstücken, die Mime bisher vor ihm verbarg. *„Und diese Stücken sollst du mir schmieden!"* ruft Siegfried erfreut. Ehe Mime es hindern kann, stürmt mit lustigem Sang der überfrohe Jüngling in den Wald hinaus. Von dieser herrlichen, frischen Weise müssen wir dem Leser einige Takte bringen:

Textb. S. 16

S. 17

S. 18

Aus dem Wald fort in die Welt ziehn; nimmer kehr' ich zu-rück.

74 Siegfried.

Dann folgt auch unter anderem das daraus entlehnte und später als Motiv auftretende Motiv der Fahrtenlust:

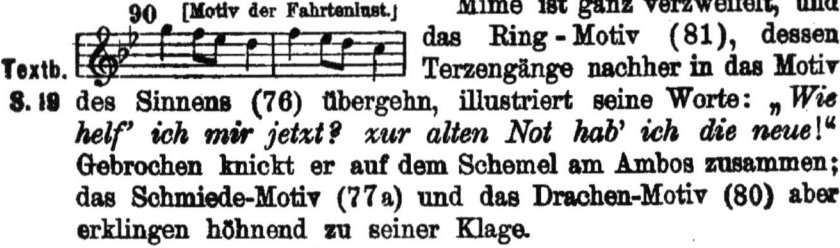

Textb.
S. 19

Mime ist ganz verzweifelt, und das Ring - Motiv (81), dessen Terzengänge nachher in das Motiv des Sinnens (76) übergehn, illustriert seine Worte: „*Wie helf' ich mir jetzt? zur alten Not hab' ich die neue!*" Gebrochen knickt er auf dem Schemel am Ambos zusammen; das Schmiede-Motiv (77a) und das Drachen-Motiv (80) aber erklingen höhnend zu seiner Klage.

Scene II.

S. 20   Wie der Zwerg noch in Gedanken vertieft dasitzt, tritt die majestätische Figur eines Wanderers (Wotan's [Bariton]), von dem Wanderer-Motiv begleitet, in seine Behausung.

Der Wanderer ist als Wotan an seinem blauen Wolkenmantel und dem Fehlen eines Auges zu erkennen; den Helm hat der Gott als Wanderer mit einem grossen breitkrämpigen Hut vertauscht. Mime ist von dem unerwarteten Gast mit seinem feierlich geheimnisvollen Auftreten durchaus nicht erbaut und fordert ihn ängstlich auf, seinem Namen als Wanderer gemäss ihn möglichst bald zu verlassen. Zwar sagt ihm der Wanderer, dass er weit gewandert sei, viel wisse und manchem schon guten Rat erteilt habe; doch
S. 21 Mime verzichtet auch auf die Weisheit des Wanderers und ist nicht wenig erstaunt, als dieser trotz allem sich am Herde niederlässt und sein Haupt dem Zwerge als Pfand einer

I. Aufzug, I. u. II. Scene (Textbuch S. 19—24).

Wissenswette anbietet, wobei seine Worte durch das Vertrags-Motiv eingeleitet und beschlossen werden:

92 (R. 14). (Vertrags-Motiv.)

Um „*den Lauernden los zu werden,*" geht Mime auf den Vorschlag jenes ein (Motiv des Sinnens 76) und fragt zunächst: „*Welches Geschlecht tagt in der Erde Tiefe?*" Der Wanderer weiss alles, erzählt ihm von den Nibelungen (Schmiede-Motiv 77), dem Ringe (Ring-Motiv 81) und dem Horte, den Alberich aufhäuft, um damit ihm die Welt zu gewinnen (Unheils-Motiv 78). Mime verfällt wiederum in tiefes Sinnen, und seine zweite Frage ist die nach den Bewohnern „*des Rückens der Erde,*" nach den Riesen. Auch dieser Frage wird der Wanderer gerecht. Bei der Erwähnung von Fasolt und Fafner 93 (R. 17). [Riesen-Motiv.] ist das Riesen-Motiv eingeflochten:  etc. sodann ertönen Ring- und Drachen-Motiv 81 u. 80 sowie das Vertrags-Motiv. Als dritte Frage wünscht der Zwerg zu wissen: „*Welches Geschlecht wohnt auf wolkigen Höh'n?*" Selbstredend ist für den göttlichen Wanderer diese Frage am wenigsten verfänglich. Das Walhall-Motiv bekräftigt den Bericht des Wanderers von Wotan und den Licht-Alben, die in Walhall wohnen. Bei Erwähnung der Weltesche erklingt das Werde- oder Nornen-Motiv*), welches übrigens meist in gedrängterer Form (punktierte Achtel) in Anwendung kommt (vergleiche Motiv 104), zuweilen auch etwas abweichend rhyth-

Textb. S. 22

S. 23

94 (R. 13). (Walhall-Motiv.)

Blasinstr.

S. 24

95 (R. 3). (Nornen- oder Werde-Motiv.)

---

*) Nornen sind Schicksals-Schwestern.

Textb. misiert erscheint. Zu den Worten: *„Ewig gehorchen sie alle*
S. 24 *des Speeres-starkem Herrn"* stösst Wotan den Speer auf die Erde (Speer-Motiv = Vertrags-Motiv, weil bei dem Speer Verträge beschworen wurden, 92), und ein leiser Donner sagt dem entsetzt emporfahrenden Zwerge, mit wem er die Wissenswette eingegangen ist. *„Fragen und Haupt hast du gelös't,"* sagt der Schmied ängstlich, *„nun, Wand'rer, geh' deines Weg's."* Doch nein, Wotan geht nicht, denn
S. 25 nun soll *„nach Wettens Pflicht"* auch Mime mit drei Antworten sein Haupt lösen, wozu er sich, doch mit Zagen und furchtsamer Miene, bereit erklärt. Die Frage Wotan's nach seinem Lieblingsgeschlecht beantwortet Mime richtig: es ist das Wälsungengeschlecht; auch der zweiten Frage entledigt
S. 26 sich der Zwerg: das Schwert, mit dem Fafner gefällt werden kann, ist allein Notung (die Motive 77, 79 u. 88 begleiten die bezüglichen Textworte). Nun aber stellt Wotan eine
S. 27 dritte Frage: *„Wer wird aus den starken Stücken Notung, das Schwert, wohl schweissen?"* In höchstem Schreck springt der Zwerg auf. Gerade diese Frage, deren Lösung ihm so sehr am Herzen lag, hätte er selbst dem Wanderer vorlegen sollen, anstatt Unnützes zu fragen, — denn hier ist sein Wissen am Ende, und ratlos und geängstigt rennt er in seiner Werkstatt umher. Die Antwort aber giebt Wotan
S. 28 auf seine Frage selbst: *„Nur wer das Fürchten nie erfuhr, schmiedet Notung neu. Dein weises Haupt wahre von heut' verfallen lass' ich's dem, der das Fürchten nicht gelernt."* Das Siegfried-Motiv aber verrät es uns (88), wer Notung schmieden, Fafner fällen und Mime's Haupt als Pfand der verlorenen Wette einlösen wird. Wotan geht lachend in den Wald zurück und lässt Mime, der **vernichtet auf seinen Schemel zurückgesunken** ist, allein.

Scene III.

Da mit einem Mal gerät er in heftiges Zittern: die durch die Blätter des **Waldes** hindurchglitzernden, hin und

her flackernden Sonnenstrahlen im Verein mit dem geheimnis- Textb
vollen Rauschen der Waldeinsamkeit zaubern dem ohnehin S. 29
Aufgeregten schreckhafte Bilder vor die Seele: er wähnt
Fafner (Drachen-Motiv 80 in der Bassstimme), den grausen,
feuerspeienden Wurm, auf sich zukommen zu sehen. Ein
grässlicher Rachen reisst sich ihm auf, und mit dem Schrei:
„*Der Wurm will mich fangen! Fafner! Fafner!*" bricht
der Geängstete hinter dem grossen Ambos zusammen. Unterdessen tönt von draussen die Stimme des heimkehrenden
Siegfried, der nach dem Schwerte fragt und mit Staunen und
Lachen den eingeschüchterten Mime hinter dem Ambos hervor-
kriechen sieht. Siegfried's Frage, warum er das Schwert
nicht geschmiedet, umgeht er zunächst, indem er ihm vor-
flunkert, er habe nachgedacht, wie er seinem Zögling das S. 31
Fürchten lehren könne, was für das Leben unbedingt nötig
sei. Die nun folgende Beschreibung des Furchtgefühls be- S. 32
gleitet das Loge-Motiv, welches zum Schluss mit Hinweis auf
den Augenblick (III. Aufzug), in dem Siegfried das Fürchten
wirklich lernen wird, mit dem Schlummer-Motiv durchwoben

96 (W 74). [Schlummer-Motiv.] wird. Siegfried kennt das
Fürchten noch nicht und ist
bereit, die „Kunst" zu lernen,
Fafner, der Riesenwurm, soll S. 33
es ihm nach des Zwerges Aussage beibringen. Siegfried
erklärt sich auch hierzu bereit, aber seines Vaters Schwert
soll ihm helfen, und da Mime es nicht zu schweissen versteht, muss er sich es selbst schmieden. Mit Ungestüm S. 34
macht sich der Jüngling an die Arbeit. Den ersten Teil
aus Siegfried's Hornruf (82) verwendet Wagner zur Zeichnung
des rüstig Schaffenden (97a), während der zweite Teil, des
Motivs 58, als verlängerter Anhang (97b) die Hast der Arbeit
des ungestümen, jungen Schmiedes trefflich charakterisiert.

97a.

Textb. Verwundert schaut Mime dem Beginnen Siegfried's
S. 35 zu. Er ahnt, dass diesem das Schwert gelingen wird und
gerät dabei in eine arge „Klemme", denn einerseits ist dann
sein Haupt Siegfried verfallen, andererseits bedarf er der
Hilfe Siegfried's, um Fafner zu töten und dadurch den Ring
zu erlangen.

S. 36 Auf seine Frage erfährt Siegfried, dass das Schwert
Notung heisst und ein fröhliches Lied begleitet seine Arbeit:

Das Ziehen am Blasebalg veranschaulicht die nach
einigen Takten hinzutretende Figur in Violinen und Bratschen
ganz vorzüglich:

Dazu ertönen die Bruchstücke von Motiv 82. Mime hat während Siegfried's
S. 37 Arbeit einen Ausweg aus seinem Dilemma gefunden. Siegfried
wird Fafner fällen und dann wird er, Mime, ihm ein Tränklein
reichen, das den Starken für ewig aus dem Wege schafft:
S. 38 den sinnlos Betäubten tödet dann Notung. Lustig macht sich
der Zwerg ans Kochen, erfreut über seine Schlauheit. Siegfried
hat unterdessen den Stahl in eine Form gegossen und schreckt
den Guss ab. Laut zischend erkaltet das Metall, dessen
Erstarren mit Meisterhand durch folgende Phrase gekennzeichnet wird (100). Motiv 100 ertönt auch mit dem Anhang

I. Aufzug, III. Scene und II. Aufzug (Textbuch S. 35—42).

(100a, b) versehen — oder auch dieser Anhang allein — beim Hämmern des Stahls.

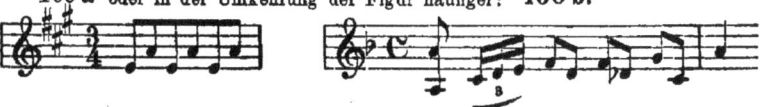

Mime wiegt sich in kühnsten Hoffnungen. Er sieht sich in Gedanken schon als Herrscher der Nibelungen, der Götter, der ganzen Welt. — Siegfried aber schafft Notung verjüngt als glänzende Waffe; freudig schwingt er sie. Das Orchester setzt mit einer lebhaften rauschenden Coda (Anhang) glänzend ein. „*Schau, Mime*" singt der Held, nachdem er Notung begrüsst und geweiht hat, „*du Schmied: so schneidet Siegfried's Schwert!*" denn ein wuchtiger Schlag des Schwertes auf den Ambos hat diesen in zwei Theile gespalten. Im ganzen Orchester stürmt der Hornruf Siegfried's (82) einher. Ganz oder bruchstückweise, mit jauchzenden Trillern der Holzbläser vermischt, und unter Pauken-, Triangel- und Beckenklang umwogen Jung-Siegfried die Tonfluten, die den Jubel aus der Heldenbrust in sich aufnehmen.

Textb
S. 41
S. 42

Zweiter Aufzug.

Das Vorspiel

zum zweiten Aufzug bringt uns durch Motive und Stimmung der Klangfarbe sofort an den Ort der Handlung. Die Pauken beginnen das Vorspiel mit dem etwas veränderten Riesen-Rhythmus, den wir schon kennen (93), wie folgt, um damit den in den Drachen verwandelten Riesen zu kennzeichnen:

101.

Pauken.

Der helle Klang der Violinen wird zunächst vermieden. Um eine geheimnisvolle Klangfarbe zu erzeugen, erklingt zu den Tremoli der übrigen Streicher in tiefer Tonlage das Fafner (Drachen-Motiv) in der Kontrabass-Tuba; hier in folgender Figur:

102 (R. 25).

Das Ring-Motiv (81), im Fagott düster erklingend, zeigt uns Fafner als den Herrn des Ringes, auf dem der Fluch Alberich's lastet. Das Fluchmotiv, von der Posaune getragen, lehnt sich hier und auch in der Folge meist an die Form von 103.

103.

Scene I.

Tiefer Wald! Ringsumher ist es dunkel, sodass man kaum im Hintergrunde den Eingang einer Höhle gewahrt, vor der Alberich (Bariton), der Beherrscher der Schwarz-Alben, der Textb. Nibelungen, an einer Felswand zur Seite gelagert, in düsterem S. 43 Brüten versunken ist. *„In Wald und Nacht vor Neidhöhl' halt' ich Wacht"*, beginnt Alberich sein Selbstgespräch, aus dem wir entnehmen können, dass er auf den Augenblick wartet, in welchem Fafner getötet wird, um sich dann sofort den Ring wieder anzueignen. Da blitzt ein heller Schein durch das Dunkel des Waldes, im Orchester wird der Rhythmus des Reitens ♩♫ ♩♫ vernehmbar und geht dann in das Motiv des Götterschicksals über:

104 (W. 66).   [Motiv des Götterschicksals.]

Der helle Schein erlischt. Alberich glaubt sich wieder be-

II. Aufzug, I. Scene (Textbuch S. 43—46).

ruhigen zu können, doch nein, — da naht Jemand! Das Motiv des Götterschicksals liess es schon ahnen, wer es ist: Allvater, der ob des Götterschicksals beunruhigt als Wanderer die irdischen Gefilde durchstreift, lässt seine Stimme vernehmen. Das Wanderer-Motiv (91) ertönt mit seinen gemessenen Harmonien und das plötzlich hervorbrechende Mondlicht lässt die Gestalt des Wanderers, wie wir sie aus dem ersten Aufzug kennen, deutlich hervortreten. Nach der Frage des Textb. Wanderers *„wen gewahr' ich im Dunkel dort?"* giebt er S. 44 sich ausserdem durch das Auftreten des Walhall-Motivs in den Hörnern zu erkennen (94). Alberich erkennt den Gott, der ihm den Ring geraubt, sofort und schmäht ihn mit wütenden Worten. Doch Wotan lässt sich nicht irre machen; denn *„zu schauen kam ich, nicht zu schaffen: wer wehrte mir Wand'rers Fahrt?"* (in den Bläsern: Wanderer-Motiv 91). Alberich glaubt es ihm nicht und wirft ihm vor, was er durch des Gottes Vertragsbruch zu leiden gehabt habe (Vertrags-Motiv 92). Als Wotan zur Ant- S. 45 wort giebt, dass er sich Alberich nicht durch Verträge verpflichtet habe, und dass sein Speer ihn durch Kraft im dereinstigen Kampfe beugen werde, erklingt das (Vertrags-) Speer-Motiv in wuchtigen Synkopen kraftvoll niedersinkend. Höhnend erwähnt Alberich den falschen Stolz Wotan's, dem im Inneren doch bange, *„denn"*, fährt er fort: *„verfallen dem Tod durch meinen Fluch ist Fafner, des Hortes Hüter: — wer — wird ihn beerben?"* Das Horn lässt hier den schauerlichen Fluch Alberich's (103) hören, der prahlerisch mit seiner Herrschaft droht, wenn er den S. 46 Ring wieder in der Faust halte. *„Des Ringes waltet wer ihn gewinnt"* antwortet der Wanderer hierauf ruhig, doch Alberich durchschaut den Sinn dieser Worte und erwähnt des Wälsungen-Geschlechtes, das für Wotan die Frucht pflücken solle, die er 105 (W 56). [Wotan's Unmut-Motiv.] nicht brechen dürfe. Unmutig muss Wotan es zugeben (Unmut-Motiv 105). *„Doch"*, fügt er hinzu: *„mit mir —*

Textb. *nicht, had're mit Mime: dein Bruder bringt dir Gefahr,*
S. 46 *einen Knaben führt er daher, der Fafner ihm fällen soll."*
Alberich ist erstaunt, dass Wotan seine Hand aus dem Spiel lassen will; er begreift ja nicht, dass Wotan für das Erlösungswerk eines „freien" Helden bedarf (vergl. Walküre). Der
S. 47 Wanderer schreitet nun auf die Höhle zu, um Fafner zu wecken, vielleicht liesse dieser dem Alben den Ring, wenn er dadurch dem Tode entgehen könne. „*Fafner! Fafner! erwache, Wurm!*" ertönt Wotan's Stimme und Fafner (Bass) antwortet:

106.

Wer stört mir den Schlaf?

Man vergleiche dieses Beispiel, insbesondere das Schluss-Intervall der Phrase, mit dem Fafner-Motiv in der Einleitung dieses zweiten Aufzuges, wo wir ebenfalls einer verminderten Quinte begegneten (Beispiel 101).

S. 48 Wotan und Alberich künden dem Wurm an, dass ein Held mit ihm kämpfen wird. „*Scharf schneidet sein Schwert*" (Schwert-Motiv 79 in den Hörnern) prophezeit ihm Wotan — „*lass' mir den Ring zum Lohn,*" fügt Alberich hinzu, „*so wend' ich den Streit; du wahrest den Hort, und ruhig leb'st du lang'!*" Doch Fafner's Entgegnung ist: „*Ich lieg' und besitze: — lasst mich schlafen!*" Wotan wendet sich zum Gehen, doch vorher macht er
S. 49 Alberich darauf aufmerksam: „*Alles ist nach seiner Art: an ihr wirst du nichts ändern.*" Die Erläuterung zu diesen Worten giebt uns das Nornen- (oder Werde-)Motiv (95) in den Streichinstrumenten und im Fagott: es wird alles, wie es im Schicksal bestimmt ist. Wotan verschwindet im Walde und lässt in Grimm und Sorge (Drachen-Motiv 80) Alberich zurück, der sich mit einem Fluch auf die Götter im Geklüft verbirgt.

Scene II.

Allmählig bricht der Tag an, und in Begleitung von Siegfried kommt Mime des Weges. Mime wird vom Schmiede-Motiv (77a) angekündigt, und den jungen Helden be-

II. Aufzug, I. und II. Scene (Textbuch S. 46.—53).

gleitet ein Motiv, welches seinem Schmiedegesang entnommen ist (107) (vergl. den Gesang zu den Worten des Textbuches: „*Des Baumes Kohle, wie brennt sie kühn, wie glüht sie hell*") und das Motiv der Thatkraft (83):

107.
[musical notation]
Hrn.

Also hier soll der kühne Jüngling das Fürchten lernen und Mime beschreibt ihm möglichst grausig den Wurm und seine Stärke. Doch Siegfried weiss schon jetzt auf alles eine Antwort, und indem er Mime klar macht, wie er sich wehren wird, erklingt das Helden-Motiv der Wälsungen (108). Notung wird der Held ihm ins Herz stossen. Doch das genügt dem unternehmungslustigen Jüngling nicht: „*Soll das etwa Fürchten heissen*", fragt er verwundert, „*fahr' deines Weges dann weiter; das Fürchten lern' ich hier nicht.*" Doch Mime heisst ihn abwarten, und während er versucht, ihm das Fürchten nochmals zu schildern, hören wir, wie an der Parallelstelle, das Schlummer-Motiv (96) sanft verheissungsvoll durchklingen. Nun aber will Siegfried den Zwerg los sein, der ihn schon wieder mit seiner Liebe zu ihm ärgert, obgleich ihm schon beim Anblicken des Zwerges Motiv 85 vor Augen steht. Mime erhält zum Schluss von Siegfried den guten Rat, sich nicht in der Nähe aufzuhalten, und trollt sich unter dem Klange von Motiv 85, da Siegfried ihn barsch gehen heisst (Motiv 83) mit dem vor sich hingesprochenen freundschaftlichen Wunsch in den Wald: „*Fafner und Siegfried — Siegfried und Fafner —, o brächten beide sich um!*" — Siegfried ist nun allein, setzt sich unter eine grosse Linde und freut sich seiner Umgebung: „*Dass der mein Vater nicht ist, wie fühl' ich mich drob so froh! nun erst gefällt mir der frische Wald u. s. w.*" Der nun folgende Teil der Scene wird seiner Orchestermalerei nach von Wagner als „Waldweben" bezeichnet,

108. (W 42.)
(Helden-Motiv der Wälsungen.)
[musical notation]

Textb. S. 50
S. 51
S. 52
S. 53

und selten ist wohl ein Name treffender und eine
Zeichnung schöner ausgefallen, als gerade dieses unvergleichliche
Stückchen Waldpoesie mit seinem so eigenen,
geheimnisvollen Zauber. Es flimmern die Sonnenstrahlen
durchs Gezweig, ein sanfter Wind rauscht in den Wipfeln,
die Käfer summen im Moose, das Bächlein murmelt, die
Vögel zwitschern und dieses alles mit Waldesduft umwoben
vereint sich zu einem Ganzen: im „Waldweben":

109. (Waldweben.)

Textb.
S. 54
 Träumend blickt Siegfried in den Wald hinein, überwältigt
von dem Eindrucke der herrlichen Natur; dann aber
nehmen seine Traumbilder Gestalt an: *„Wie sah wohl mein
Vater aus? — Ha! gewiss wie ich selbst"*. Unwillkürlich
taucht in seinen Gedanken die Gestalt seines Erziehers auf
(Motiv 77a), dessen er im Selbstgespräch gedenkt. Doch
nein, — fort mit dem Alp! — *„Aber — wie sah meine Mutter
wohl aus? Das kann ich nun gar nicht mir denken! — Der
Rehhindin gleich glänzten gewiss ihr hell schimmernde
Augen — nur noch viel schöner!* — — Eingeleitet wird
diese in rührend kindlicher Naivetät begonnene Betrachtung
durch das Motiv der Wälsungen Not (86) mit den warmen
S. 55 Klängen der A-Klarinette. *„Ein Menschenweib!"* —

II. Aufzug, II. Scene (Textbuch S. 54—55).

Das ist ihm ein ganz unfassbarer Begriff und das Orchester leiht seiner Vorstellung dadurch Ausdruck, dass ein Violin-Solo (alle übrigen Streichinstr.: *con sordini*), das Freia-Motiv, das Motiv der Göttin der Schönheit und ewigen Jugend bringt:

110 (R 21). (Freia-Motiv.)

Viol.

Das Waldweben wird stärker, es lassen sich Vogelstimmen vernehmen. Die folgenden Beispiele sollen uns eine Uebersicht der Vogelsprache im „Siegfried" geben (111a—e).

111a. Ob.

111b. Fl.

111c. Klar.

111d. Ob.

111e. Klar.

Wohl wünscht sich Siegfried „*der Vöglein Stammeln*" zu verstehen, aber ihm wills nicht gelingen. Doch wenn es auch nicht Worte sind, so will er mit dem Vöglein auf andere Weise plaudern: er schnitzt sich aus dem Röhricht eine Pfeife, auf der er jedoch nur schaudervolle Töne zuwege **Textb.** bringt. Verdriesslich schüttelt er den Kopf, probiert und **S. 55** probiert, doch „*Vöglein, mich dünkt, ich bleibe dumm: von dir lernt sich's nicht leicht!*" Frisch greift der Jüngling **S. 56** nun zum Horn. Darauf weiss er besser Bescheid und hell schmettern Motiv 82: sein Hornruf und die Weise des Siegfried-Motivs (88) in den Wald hinein. — Da mit einem Male erschallt das träge heranschleichende Drachen-Motiv (80) in Verbindung mit dem Sieg-Motiv (112), welches, wie leicht zu erkennen, aus Schwert-Motiv und Hornruf zusammengewachsen ist.

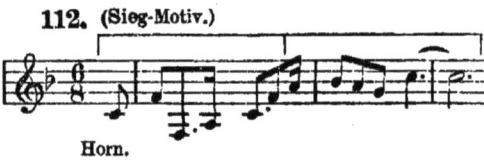

Betroffen blickt Siegfried nach der Gegend der Höhle zu, von welcher her sich ein brüllend gähnender Laut vernehmen lässt. „*Da hätte mein Lied mir 'was Liebes erblasen! du wär'st mir ein saub'rer Gesell*" ruft er lachend, denn aus der Höhle hervor wälzt sich der ungeheure Drachen-Wurm, der zu seinem noch grösseren Erstaunen zu reden beginnt. „*Ei, bist du ein Tier, das zum Sprechen taugt, wohl liess' sich von dir 'was* **S. 57** *lernen? Hier kennt einer das Fürchten nicht: kann er's von dir erfahren?*" Der Drache jedoch macht nicht lange Umstände und schickt sich nach kurzer Hin- und Widerrede an, auf Siegfried loszugehn. Das Orchester, welches das Erscheinen und Sprechen des Ungeheuers mit den bezüglichen Motiven unterstützt hatte, begleitet nun auch die folgende Kampf-Scene zwischen dem Helden und dem Drachen in sehr charakteristischer, den Bewegungen beider Kämpfenden entsprechender Weise.

Mit dem triumphierenden Klange des Motivs 112 und **S. 58** dem dumpfen Motiv 101 stösst Siegfried dem Wurm Notung ins Herz. Mit allmählig schwächer werdender Stimme fragt Fafner, wer der helläugige Knabe sei und erzählt ihm mit

II. Aufzug, II. Scene (Textbuch S. 55—60).

kurzen Worten von Fafner und Fasolt „*Fafner, den letzten* Textb. *der Riesen, fällte ein rosiger Held*" (Motiv 112 in Tromp.) **S. 59**
„*Blicke nun hell, blühender Knabe: des Hortes Herrn umringt Verrat . . . . Merk' wie's endet: — acht' auf mich!*" Diese prophetischen Worte Fafner's werden mit dem Fluch-Motiv (103) bekräftigt und teilweise mit einem synkopierten Rhythmus (113) begleitet, der zuerst im Rheingold als Begleitung des Fluches Alberich's vorkommt und immer dann angewendet wird, wenn von dem verderbenbringenden Schaffen der Nibelungen oder der Wirkung des Fluchs Alberich's — was eigentlich damit gleichbedeutend ist — die Rede ist, wobei er übrigens seine Verwandschaft mit dem Schmiede-Rhythmus der Nibelungen

113. (Nibelungen- oder Unheils-Rhythmus.)

$12/8$ ♪ ♩ ♫ ♪ ♩ ♪ ♩   oder $12/8$ 𝄾 ♩ ♫ ♪ ♩ ♫

nicht verleugnet. Der erwähnte Rhythmus findet in der „Götterdämmerung" ausgiebige Verwertung und ist in seiner Beziehung als „Unheils-Rhythmus" **nicht** mit dem „Unheils-Motiv" (auch Frohn-Motiv genannt) (siehe Beispiel 78) zu verwechseln, welches anlässlich derselben Gedankenverbindungen wie jenes erstgenannte gebraucht wird. Siegfried möcht noch gerne von dem weisen Wurm Näheres über seine eigene Herkunft wissen; doch kaum hat er demselben seinen Namen genannt (Siegfried-Motiv 88), so seufzt der Drache unter Wiederholung dieses Namens, und das sich immer mehr zerbröckelnde Motiv 10 erstirbt mit dem Ungeheuer. Als **Siegfried das Schwert aus dem Drachenleibe herauszieht**, kommt etwas von dem Blute desselben an seinen Finger: „*Wie Feuer* **S. 60** *brennt das Blut*" ruft der Held und als er unwillkürlich den Finger zum Munde führt, lauscht er mit verhaltenem Atem: er versteht plötzlich die Sprache der Vögel. Ein Vöglein singt vom Hort in der Höhle, vom Tarnhelm (ein Helm der seinen Besitzer auf Wunsch unsichtbar machen, bezw. in jede beliebige Gestalt — wie z. B. Fafner in den Drachen — verwandeln kann) und von dem Ringe, der ihn zum Herrn der Welt machen könne. Siegfried dankt dem Vöglein für seinen Rat und verschwindet im Innern der Höhle.

Scene III.

Kaum ist Siegfried vom Schauplatz verschwunden, als Mime scheu umherblickend heranschleicht, und nachdem er sich von Fafner's Tod überzeugt hat und auch Siegfried nicht mehr gewahrt, seine Schritte nach der Höhle zu lenkt. Aber auch Alberich ist aus seinem Versteck hervorgekommen, stürzt auf Mime zu und vertritt ihm den Weg. Für die
Textb. nun folgende höchst belebte Scene brüderlicher Zwietracht,
S. 61 in der sich in kurzem Wortwechsel einer dem anderen an Habgier und niederträchtiger Schlauheit den Rang abzulaufen bestrebt ist, ist das Orchester bemüht, eine wirkungsvolle Folie zu schaffen. Hastige, kurzatmige Figuren, in denen das Motiv seelischer Erregung (114) und das Frohnmotiv (78) eingeflochten sind, stürmen aufgeregt durcheinander, bis das Ringmotiv (81) den Herrn
S. 64 des Ringes ankündigt: Siegfried mit

114.
(Motiv seelischer Erregung.)

Tarnhelm und Ring tritt aus dem Dunkel im Selbstgespräch, seine Beute betrachtend, hervor: *„Was ihr mir nützet, weiss ich nicht: doch nahm ich euch aus des Horts gehäuftem Gold, weil guter Rat mir es riet"*. Als Antwort darauf hören wir mahnend in den Bläsern die einschmeichelnden Klänge der Rheintöchter-Klage, die ihm zuzurufen scheint: gieb uns den Reif zurück. Doch Siegfried wird aus seinen Betrachtungen durch die Stimme des Waldvögleins gerissen, welches ihn vor Mime als treulosem Heuchler warnt. Siegfried hat nicht
S 65 Zeit dem Vöglein zu antworten, denn schon naht Mime mit hündischer Unterwürfigkeit, nachdem er von ferne Siegfried betrachtet hat und überlegte, dass er nun recht schlau zu Werke gehen müsse, um seinen Zweck zu erreichen.

II. Aufzug, III. Scene (Textbuch S. 60—69).

In sehr origineller Weise machen die Bratschen im Orchester die Bewillkommnungs-Reverenz Mime's mit, und indem das Motiv des Waldvögleins noch einmal seine warnende Stimme erklingen lässt, beginnt der Zwerg sein Geschwätz. Auf die Frage, ob Siegfried nun das Fürchten gelernt habe, antwortet Siegfried: *„Den Lehrer fand ich noch nicht"* und das Orchester fügt charakteristisch das Motiv der Erstarrung und Hämmerung Notung's (100) hinzu. Textb. Das heimtückische, aufgeregt-lauernde in Mime's Reden, der S. 66 ohne es zu wollen in ganz konfuser Weise sich selbst ver- S. 67 rät, wird sehr treffend durch die folgende kleine Figur in den Fagotten mit und ohne Vorschläge gekennzeichnet:

Immer wieder warnen Waldvogel-Motive. Mime holt nun ein Fläschchen hervor, um Siegfried Glauben zu machen, er wolle ihn laben, wozu die Weise von Mime's Erziehungslied (84) höhnisch auftaucht. Doch auch jetzt wieder verplaudert sich der schlaue Zwerg, der Siegfried mit der Versicherung, so habe er es nicht gemeint, Siegfried verstehe alles falsch, immer näher rückt, um ihm schliesslich mit widerlicher Zu- S. 69 dringlichkeit den Trank anzubieten, den er in ein Trinkhorn gegossen hat. Von Ekel überwältigt streckt der Jüngling den heimtückischen Zwerg mit einem Schlage Notung's zu Boden. Das Schmiede-Motiv (77) singt ihm das Klagelied; aus dem Geklüft aber schallt nach demselben Motiv — eine ganz vorzügliche naturwahre Kopie des Lachens — das Hohngelächter Alberich's:

Siegfried wirft dann den Getöteten in die Höhle (Schmiede-Motiv) und Fafner (Motiv 102) wälzt er vor deren Eingang, um sich nach gethaner Arbeit unter der Linde zur Erfrischung wie vor dem Kampfe hinzulegen. Das

Textb. S. 70   Waldweben beginnt von neuem, und der Held bittet das Vöglein ihm zu künden, wo er einen guten Gesell für sich finden könne. Die Antwort lässt nicht lang auf sich warten . . .

S. 71   „*Jetzt wüsst' ich ihm noch das ‹herrlichste Weib. Auf hohem Felsen sie schläft, ein Feuer umbrennt ihren Saal: durchschritt' er die Brunst, erweckt' er die Braut, Brünnhilde wäre dann sein!*" In Siegfried's Antwort: „*O holder Sang!*" u. s. w. tritt, indem sich das Verlangen nach einem Wesen, das er lieb haben möchte, ausspricht, ebenso wie in der Frage an das Vöglein — ein Motiv auf, welches man als das Motiv des Liebessehnens bezeichnen kann:

117. (Motiv des Liebessehnens.)   117 a.
Viol.   oder   Hlzbl. und Streicher.

S. 72   Noch einmal will der jubelnd Aufspringende Gewissheit haben: „*Werd' ich das Feuer durchbrechen? kann ich erwecken die Braut?*" Die flackernd-unruhigen Figuren des Feuergottes Loge und das Schlummer-Motiv (96) deuten auf die Antwort: „*Die Braut gewinnt, Brünnhild' erweckt ein Feiger nie: nur wer das Fürchten nicht kennt!*" Diese Verheissung bezieht Siegfried — und mit Recht — auf sich: „*Nun brennt mich die Lust, es von Brünnhild' zu wissen: wie find' ich zum Felsen den Weg?*" Statt einer Antwort schwebt ihm das Vöglein singend voran, das mitsamt dem ihm folgenden Helden und den leichtbeschwingten, jubilierenden Orchesterklängen dem Brünnhildenstein zueilt.

Dritter Aufzug.
Das Vorspiel

zu diesem Aufzug veranschaulicht uns den durch Wetter und Sturmnacht nach der Behausung der urweisen Seherin Wala

II. Aufzug, III. Scene und III. Aufzug (Textbuch S. 70—78).

reitenden Wotan. Der Ritt-Rhythmus erscheint demgemäss ausgiebig verwendet. Des Gottes Denken und sein Ziel zugleich hören wir im Nornen-(Werde-)Motiv (95) und der Umgestaltung dieses zum Götterschicksals-Motiv (104) hier in seiner vollkommensten Gestalt 118 (vergl. 104) als Zusammensetzung aus dem Motiv des Werdens (66a) und seinem formalen Gegensatz, dem Motiv des Untergangs — der Götterdämmerung (66b):

Ebenso hören wir das Speer-Motiv (92), den Herrn des Speeres ankündend, während das Motiv seelischer Erregung (114) seiner Stimmung Rechnung trägt. Alle diese Motive werden durchstürmt von den Unwetter-Figuren, welche das Orchester bis zum *fff* mit sich fortreissen.

Scene I.

In den Trompeten und Posaunen schreitet das Wanderer-Motiv (91) einher. Da kommt er selbst, der göttliche Wanderer. Vor einem gruftähnlichen Höhlenthor steht er still, und feierlich tönt es von seinen Lippen: *„Wache! Wache! Wala, erwache! ... tauche zur Höh'! ... Allwissende! Urweltweise! Erda! Erda! Ewiges Weib! Wache, du Wala! erwache!"* In der Höhlengruft dämmert es auf; in bläulichen Lichtschein gehüllt steigt unter gedämpften Paukenwirbeln Erda (Alt) auf. Der Zauber des Liedes hat sie erweckt. Doch zu den Worten: *„Wer scheucht den Schlummer mir?"* bringen Oboen und Klarinetten das Todverkündungs-Motiv verheissungsvoll und unheimlich. Wotan giebt sich ihr als Wanderer zu erkennen (Motiv 91 in den Holzbläsern), der um weisen Rat zu gewinnen, sie

geweckt habe. Das Vertragsmotiv in Trompete und Posaune beschliesst Wotan's Antwort. Erda jedoch weicht seiner Frage nach der Zukunft zunächst aus und verweist ihn auf die Schicksalsschwestern: *„Was fräg'st du nicht die Nornen?"* (Werde-Motiv 95 im Fagott). — *„Im Zwange der Welt weben die Nornen: sie können nichts wenden noch wandeln"* antwortet Wotan, und seine Worte werden erklärt durch das Ring-Motiv in den Holzbläsern (81), Textb. denn der Fluch des Nibelungen-Ringes ist unabwendbar.
S. 75 Erda aber soll ihm einen Rat geben, *„das rollende Rad zu hemmen."* Jetzt weist ihn Erda auf ihr Kind Brünnhilde: *„Kühn ist sie und weise auch: was weck'st du mich und fräg'st um Kunde nicht Erda's und Wotan's Kind?"* wozu feierlich im Horn das Walhall-Motiv ertönt (94). Wotan berichtet Erda das Schicksal der Walküre, die er als Ungehorsame in Schlaf versenkt habe. Das Walküren-Motiv und das Abschieds-Motiv (W 75) bekräftigen diese Erzählung des Gottes.

120 (W 51). (Walküren-Motiv.)

S. 76 121 (W 75). (Abschieds-Motiv.)

Erda begreift den Lauf der Dinge nicht mehr: *„Brünnhilde in Schlaf?"* — Das Schlafbann-Motiv (122), welches Wotan zur Einschläferung Brünhildens anwandte, wird hörbar: *„Der den*

122 (W 72). (Schlafbann-Motiv.)

Trotz lehrte straft den Trotz? Der die That entzündet zürnt um die That? Der das Recht wahrt, der die Eide hütet — wehrt dem Recht? herrscht durch Meineid? — Lass' mich wieder hinab: Schlaf verschliesse mein Wissen!" Wotan lässt nicht ab zu fragen, — Erda aber giebt ihm nicht die gewünschte Antwort, sodass Wotan
S. 77 ihrem Wunsch nach Ruhe nachkommen muss: *„Weisst*

III. Aufzug, I. Scene (Textbuch S. 74—78). 93

du, was Wotan — will? Dir Unweisen ruf' ich's in's Ohr, dass du sorglos ewig nun schläf'st." — Zu den Worten "dir Unweisen" hören wir das Götterschicksals-Motiv zum Zeichen, dass Wotan nicht unwissend ist. "*Um der Götter Ende,*" fährt Wotan fort, "*gräm't mich die Angst nicht, seit mein Wunsch es — will!*" und was der Gott beschlossen, froh und freudig führt er frei aus. "*Weiht' ich in wütendem Ekel des Niblungen Neid schon die Welt, dem wonnigsten Wälsung weis' ich mein Erbe nun an*" (123). Siegfried wird hierdurch zum Weltenherrscher gemacht, denn aus Liebe zu ihm gelingt die Weltenerlösung. Alberich's Fluch soll an dem Helden erlahmen (Siegfried-Motiv in der Trompete). Das hier auftretende Motiv (123) der Welterbschaft, welches kühn und siegesgewiss einhergeht, ist folgendes:

123. (Motiv der Welterbschaft.)
Hlzbl.
Viol.
Horn.

"*Die Furcht*" (Flucht-Motiv 124) "*bleibt dem Helden* Textb. fremd. . . . Hinab denn, S. 78
Erda! Urmütter-Furcht! 124 (R 16). (Flucht-Motiv.)
Ur-Sorge!*" (Flucht-Motiv.)
"*Hinab, hinab! — Dort seh' ich Siegfried nah'n.*"

Scene II.

Erda ist versunken. — Der Morgen bricht herein, und das Unwetter, welches nachgelassen hatte, hat nunmehr ganz aufgehört. Durch den Wald erschallt der fröhliche Sang eines Vögleins, das der Lichtung zuschwebt und dann entschwindet. Siegfried kommt: "*Mein Vöglein schwebte mir fort.*" Vergeblich blickt er aus; das Vöglein ist verschwunden, und so beschliesst er, den Weg nach dem Felsen ohne Führer auszukundschaften. "*Wohin, Knabe, heisst dich dein Weg?*"

94   Siegfried.

Textb. ruft ihm Wotan entgegen, worauf Siegfried das Ziel seines
S. 79 Wanderns dem fremden Wanderer mitteilt und ihm auch auf
seine Fragen von dem Waldvöglein, von Mime, dem Drachen
und seinem guten Schwert erzählt, das er sich selbst ge-
S. 80 schmiedet, da ihm die Stücken desselben nichts genützt hätten.
„*Das mein' ich wohl auch,*" sagt lachend der Wanderer.
Doch Siegfried ist schon zu lange mit Fragen aufgehalten
worden, und das Lachen des Wanderers reizt ihn, darum
macht er sich schliesslich über das Äussere des Wanderers
S. 81 lustig, über den grossen Hut und das fehlende Auge. Selbst-
redend versteht Siegfried nicht, was der Wanderer ihm zur
Erklärung seiner Einäugigkeit im Gleichnis sagt: „*Mit dem
Auge, das als and'res mir fehlt, erblick'st du selber das
eine, das mir zum Sehen verblieb,*" und die ernsten Klänge
des herrlichen Walhall-Motivs (94), welches die Antwort
S. 82 des Gottes begründet, stimmen ihn zu Lachen und Spotten.
Wotan, der bisher ruhig blieb, kann den aufsteigenden Unmut kaum mehr zurückhalten, und im Orchester erklingt zu
Wotan's Worten nun häufiger das Unmut-Motiv (105). Auf
das nochmalige unfreundliche, energische Ersuchen Siegfried's, ihm den Weg, den das entschwundene Vöglein ihm
gewiesen, freizugeben, bricht Wotan in Zorn aus: . . . „*den
S. 83 Weg, den es zeigte, sollst du nicht zieh'n?*" (Speer-Motiv
[92] in den Posaunen). „*Hoho! du Verbieter! Wer bist du
denn,*" braust Siegfried nun auf, „*dass du mir wehren
willst?*" Wotan heisst ihn emporblicken — in den Trompeten: Walküren-Motiv (120) — und auf den Wink des
Speeres schlägt die Lohe auf dem Brünhildensteine hell empor
(Motiv des Feuerzaubers):

125 (W 73).   (Feuerzauber-Motiv.)

III. Aufzug, II. Scene (Textbuch S. 79—85).

Wotan warnt ihn vor dem Besteigen des Felsens und sperrt dem trotzig Vorwärtsdrängenden den Weg mit seinem Speer (Speer-Motiv [92] in den Posaunen). „*Das Schwert, das du schwing'st, zerschlug einst dieser Schaft: noch einmal denn zerspring' es am ewigen Speer!*" Nun zieht auch Siegfried das Schwert: „*Meines Vaters Feind! find' ich dich hier?*" — Das Fagott lässt das Motiv der Wälsungen-Not (86) erklingen. — „*Herrlich zur Rache geriet mir das! Schwing' deinen Speer: in Stücken spalt' ihn mein Schwert.*" Beide fechten miteinander ... Da geschieht das Unglaubliche: ein gewaltiger Donnerschlag hallt durch den Wald ... Siegfried hat den Speer Wotan's in Stücke zerschlagen. Das Speer-Motiv versinkt auseinanderfallend in den Kontrabässen. Wotan nimmt die Stücke des zerfochtenen Speeres ruhig auf mit den Worten: „*Zieh' hin! ich kann dich nicht halten!*" nach denen er im Dunkel verschwindet. Noch einmal im *pp* hören wir das Motiv der Wälsungen-Not zu Siegfried's Worten: „*Mit zerfocht'ner Waffe wich mir der Feige?*" denn noch ist die Not der Wälsungen nicht am Ende. Siegfried aber stürmt mit Jauchzen und Hornrufen (Motiv des Hornrufs 82) in die Gluten.

Dem durch die Lohe Verhüllten können wir an der Hand der Orchester-Motive folgen. Bald ferner, bald näher hören wir den wuchtigen Hornruf des vordringenden Helden. Durch die auf- und niederwogenden und zuckenden Figuren des Feuerzauber-Motivs, welches der Situation gemäss vorherrscht, dringen, auf die Schlafende deutend, die Klänge des Schlummer-Motivs (96) in Englisch Horn und dann in Flöte und Oboe. Jetzt ist er der Schlummernden nahe, denn triumphierend jubelt das Siegfried-Motiv (88), welches die lodernden Flammen zu besänftigen scheint. Mehr und mehr lösen diese sich in rötlichen Dunst auf, der allmählich verfliegt, um der strahlenden Bläue des sonnendurchfluteten Äthers zu weichen.

Textb. S. 84

Scene III.

Zwischen den Bruchstücken des Schlummer-Motivs schwingen sich Harfen-Akkorde empor, wenn es auch dem Zuhörer nicht entgehen wird, was das Todverkündungs-Motiv (119) prophezeit: dass das junge Paar Siegfried und Brünnhilde, welche zur Erlösung der Welt von der Götterschuld berufen sind, nur in geistiger Beziehung das Erbe der Weltherrschaft antreten und die erlösende That mit ihrem Tode besiegeln werden. Wiederum wechseln Schlummer-Motiv und Harfenklänge, aus denen sich zur Verherrlichung der schlafenden Jungfrau in einem Violin-Solo die einschmeichelnden Klänge des „Freia-Motivs" (110) loslösen, und sich hoch, mit einem bekräftigenden Anhang versehen, erheben. Während der höchste Ton ausgehalten wird, mahnt nochmals das Todverkündungs-Motiv; doch gleichsam um anzukünden, dass die Liebe auch den Tod besiegt, senkt sich in Form des Schlummermotivs die Melodie von ihrer Höhe herab, um von neuem in das Freia-Motiv überzuleiten. Siegfried ist soeben am felsigen Saume der Höhe angelangt und gewahrt zunächst das Ross

Textb. der Walküre, welches gleich seiner Gebieterin in Schlaf
S. 85 versenkt ward. Weiter schreitet der Held vor. *„Was strahlt mir dort entgegen? — Welch' glänzendes Stahlgeschmeide!*
S. 86 *Ha! in Waffen ein Mann".* Den Helm, von dem er wähnt, er möge den Schlummernden drücken nimmt er ihm ab, da quillt eine Flut blonden Haares hervor. *„Ach! wie schön!"* kommt es staunend von des Jünglings Lippen, und mit bewundernden Worten lauscht er dem Athem des Schlafenden. Die Brünne*), die Brust und Atem zu beengen scheinen, will er lösen; doch vergeblich. Erst Notung, sein Schwert, schneidet die Stahlringe. Er nimmt vorsichtig den Panzer ab, und sein erster Blick sagt ihm, und erschrocken fährt er unter dem mehrmals einsetzenden Klange des Motivs des Liebessehnens (117a) auf: *„Das ist kein Mann!"* Betroffen

---

*) so viel wie Brustharnisch.

III. Aufzug, III. Scene (Textbuch S. 85—87).

und aufgeregt starrt er auf die Ruhende; immer wieder ertönt ihn beängstigend das Motiv des Liebessehnens, das er fühlt und doch nicht erklären kann, und in rührender Unbeholfenheit ruft er die Mutter zur Hülfe. „*Mutter! Mutter! gedenke mein!*" Hier zeigt sich wieder Wagner als Meister, der über dem gewaltig grossen Zuge, der das Ganze durchdringt, in liebevollem Eingehen auf das Kleine, und als Psychologe, Musiker und Dichter mit so unvergleichlich feiner Empfindung und so vollendeter Technik zu schaffen weiss. Ueber unruhig pulsierenden Begleitungssynkopen beschwört das Andenken an seine Mutter das Motiv der Wälsungen-Not (86) herauf. Immer aufgeregter, immer kurzatmiger erklingt es, von Stufe zu Stufe steigt es empor, *p—cresc.—f—cresc.— f—dimimendo—p—molto cresc.<ff*. Das alles vollzieht sich in wenigen Sekunden. Die Notenwerte werden kürzer, immer weiter holen die Anfangsnoten der Motive aus. Das Motiv der Wälsungen-Not hat sich wieder unbewusst, doch unter der Notwendigkeit des inneren Dranges, dem Hörer kaum bemerkbar, in das Motiv des Liebessehnens verwandelt, um sodann von der Höhe des *fortissimo* in ohnmächtig zartem *piano* erschöpft zusammen zu sinken! Auch unser Held ist den auf ihn so mächtig einstürmenden Empfindungen unterlegen; er liegt wie ohnmächtig an Brünnhilde's Brust.

Doch wie kann Siegfried die Maid wecken? Bei dem Gedanken, dass das noch geschlossene Auge ihn mit zaubrisch Textb. ungeahntem Glanze blenden könne, erzittert er: „*Was ist* S. 87 *mir Feigem? — Ist es das Fürchten?*" — Motiv 117a hat sich währenddem durch Verwandlung seiner Figuren in lauter Triolen gesteigert und geht nun in ein *Tremolo* über, und während dazu im Bass auch das Motiv der Wälsungen-Not sich in Triolenbewegung zeigt, ruft er: „*O Mutter! Mutter! dein mutiges Kind! Im Schlafe liegt eine Frau: — die hat ihn das Fürchten gelehrt*". Sein „*Erwache!*" bleibt wirkungslos, da wagt er's: „*So saug' ich mir Leben aus süssesten Lippen, — sollt' ich auch sterbend vergeh'n!*" Das Todverkündungsmotiv, erst in den Holzbläsern und dann

98 Siegfried.

während des Kusses *pp* in den Posaunen, sagt es ihm, dass er sich Leben und Tod aus diesen Lippen gesogen. Rau-
Textb. schende Harfen-Akkorde erheben sich mit der erwachenden
S. 88 Brünnhilde: *„Heil dir Sonne! Heil dir Licht! Heil dir, leuchtender Tag! Lang war mein Schlaf; ich bin erwacht: wer ist der Held, der mich erweckt'?"*

Siegesjubelnd sagt es ihr das durch Sechzehntel-Triolen der Bläser begleitete Siegfried-Motiv (88), welches ihr erst in den Hörnern und dann in den Posaunen entgegenschmettert. Da weiss Brünnhilde, dass ihr sehnlichster Wunsch in Erfüllung ging, und in höchstem Entzücken tönt es von ihren Lippen:

126. [Liebesgruss-Motiv.]

O Heil der Mut-ter, die dich ge-bar

nachdem Siegfried auf die Melodie desselben Motivs im Anschauen des herrlichen Weibes begeistert in die Worte ausbrach: *„O Heil der Mutter, die mich gebar ... dass ich das Auge erschaut, das jetzt mir Seligem strahlt."*
S. 89 Vor den nun folgenden Worten Brünnhilde's: *„O Siegfried! Siegfried! seliger Held!"* begegnen wir einem neuen Thema, dem Motiv des „Liebes-Jubels":

127. (Liebesjubel-Motiv.)

welches rauschend zu ihrer Versicherung erklingt, dass sie Siegfried von je geliebt, dass sie für ihn dachte, fühlte, stritt und büsste. Nun ist auch dem Helden die Zunge gelöst. Doch den sich ihr
S. 91 Nahenden wehrt die Jungfrau sanft ab. Sie sieht „Grane", ihr Ross (Walküren-Motiv 120), Schild, Brünne, Helm und Speer und wehmütig denkt sie dessen, was sie war und was sie nun ist. In höchster Angst entwindet sie sich dem starken Arm des Jünglings, der sie umfasst hat.
S. 92 *„Brünnhilde bin ich nicht mehr!"* — in dem Satze fasst sie
S. 93 ihr Fühlen zusammen: *„Mir schwirren die Sinne. Mein Wissen schweigt"* .... Siegfried aber nimmt sie beim

III. Aufzug, III. Scene (Textbuch S. 88—94).

Wort: *"Sang'st du mir nicht, dein Wissen sei das Leuchten der Liebe zu mir?"* (Motiv der Welterbschaft [123] im Gesang *unisono* mit dem Cello). An Brünnhilde's Augen jedoch ziehen trübe Schatten vorüber: in Englisch Horn und Klarinette hören wir zu ihren Worten: *"Mein Auge dämmert, das Licht verlischt"* das Motiv des Fluches (103). Siegfried redet ihr liebevoll zu und löst ihr die Hände von den Augen, . . . Auch das Tageslicht leuchtet nur ihrer Schmach: *"O Siegfried! Siegfried! Sieh' meine Angst!"* Textb S. 94 Dann wird sie ruhiger; ein freundliches Bild des Himmelsfriedens taucht in ihrer Seele empor,*) eine herrliche Weise erklingt, von der wir die 8 Haupttakte mitteilen wollen:

*) Es ist jenes unvergleichliche Thema, welches Richard Wagner zusammen mit Motiv 129 und 130 im Siegfried-Idyll anlässlich der Geburt seines Sohnes Siegfried so wunderbar in symphonischer Form verwandt hat.

100 Siegfried.

Dasselbe Sätzchen begleitet dann die folgenden Worte
Textb. der Walküre, denen sich ein neues Thema anschliesst, mit dem
S. 94 sie ihm verkündet: „*O Siegfried — Herrlicher! Hort der
Welt!*" ein Thema, aus dessen empfindungsvollen weichen Tönen
die hervorquellende Liebe des Weibes zu sprechen beginnt:

129.

Von hier ab bittet sie zwar noch Siegfried, von ihr
abzulassen, doch ihr Bitten wird zärtlicher; die „Walküre"
tritt gegen das „Weib" in den Hintergrund. Siegfried merkt
das wohl, und mit der Glut der ersten Liebe wirbt er um
S. 95 sie: „*Sei mein! sei mein! sei mein! — O, Siegfried!
dein war ich von je! — War'st du's von je, so sei es
jetzt! — Dein werde ich ewig sein!*"

Siegfried umfasst die Gewonnene, die ihrer leidenschaft-
lichen Liebe zu ihm nun ebenfalls Ausdruck verleiht:
S. 97 „*Lachend muss ich dich lieben; lachend will ich erblinden;
lachend lass' uns verderben — lachend zu Grunde geh'n!*"

Das Motiv der Liebeshingabe (130), vereint mit Motiv 117,
bekräftigt die Worte Brünnhilde's und nach einem leiden-

130. (Motiv der Liebeshingabe.)

Hrn.

schaftlich liebeglühenden Zwiegesang bejubelt in einem
kurzen Nachspiel das Orchester diesen Höhepunkt irdischen
Glückes. Stolz erhebt das Siegfried-Motiv sein Haupt. Den
Schluss aber bildet das zum grandiosen *ff* sich steigernde
Orchester mit dem nachdrücklich gestalteten Motiv (123) der
Erbschaft der Welt.

IV. Götterdämmerung.
Dritter Tag aus der Trilogie.

Die am Rand vermerkten Seitenzahlen geben die Stellen im Textbuch (Verlag von B. Schott's Söhnen, Mainz) an. Vgl. die Einleitung zu Rheingold.

Das Vorspiel.

Das Orchester-Vorspiel zu diesem letzten Abend der Trilogie umfasst nur 18 Takte; doch sie genügen vollkommen den Anforderungen, die man an eine musikalische Einleitung stellt: ein geheimnisvolles Walten tönt uns aus dem Werde-Motiv entgegen, welches Wagner auch der Erda als Attribut mitgab und im Siegfried bei der Erwähnung der *„im Zwange der Welt"* webenden Nornen gleichfalls anwandte. Im vorliegenden Falle sind es die drei Nornen, die Schicksals-Schwestern, deren Walten der Meister mit dem Werde-Motiv (131), oder wozu es sich auch schon im Rheingold entwickelt, dem Nornen-Motiv (132) kennzeichnet, einem Motiv, welches vielfach in verkürzten Notenwerten, d. h. nicht mit

131 (R 3). (Werde-Motiv.)

---

*) Die Numerierung der Notenbeispiele geschieht durch sämtliche Teile der Trilogie fortlaufend. Die aus den früheren Abschnitten hier citierten Beispiele und Motive werden, sofern sie nicht zu grosse Abänderungen in der Götterdämmerung erfahren haben, in der Original-Gestalt, d. h. so wie sie zuerst auftraten, angeführt. Ein R, W oder S bei der Beispielziffer bedeutet, dass es in angegebener Form und Numerierung in Rheingold, Walküre oder Siegfried zuerst angewandt wurde.

Vorspiel und dramatisches Vorspiel (Textbuch S. 5—6). 103

In seiner späteren Verwendung als Nornen-Motiv meist in folgender Form gebraucht: 132 (R 27). (Nornen-Motiv.)

punktierten Vierteln, sondern punktierten Achteln auftritt. Ein dreimaliger Es-moll-Accord mag als auf die drei Schicksals-Schwestern hindeutend angesehen werden, und die Wellenbewegung der Begleitung, die vollkommen der in der Einleitung des Rheingold vorkommenden gleich ist, wo sie die Stromwellen zeichnen soll, können wir hier symbolisch als die Wellen der Zeit betrachten. Nach dem letzten im *ff* erklingenden Es-moll-Dreiklang erhebt sich düster und unheilverkündend in den Tuben das Todverkündungs-Motiv (133):

133 (W 62). (Todverkündungs-Motiv.)

Diesem vorbesprochenen Orchestervorspiel folgt nunmehr ein

dramatisches Vorspiel

als Einleitung zum 1. Aufzug: Es ist Nacht, und der vom Hintergrunde her leuchtende Feuerschein lässt nur undeutlich die Gegend des Walkürenfelsens (Brünnhildensteines) erkennen, wo sich der Schluss des zweiten Tages (Siegfried) abspielte. Von den drei Frauengestalten in langen, dunklen, faltenreichen Gewändern gewahren wir zwei unter einer breitästigen Tanne vor einem Felsengemach lagernd, während eine derselben, die jüngste, auf einem Stein nach dem Hintergrunde zu sitzt. *„Welch' Licht leuchtet dort?"* fragt die erste der Nornen; *„dämmert der Tag schon auf?"* ergänzt die zweite die Frage; *„Loge's Heer lodert feurig um den Fels, noch ist's Nacht: was spinnen und singen wir nicht?"* antwortet und fragt die dritte. Die erste Norne erhebt sich und während sie ein güldenes Seil um einen Ast der Tanne knüpft, singt sie. Wir erfahren, dass die Weltesche, an der sonst die Nornen das Schicksalseil spannen, einst ein mächtiger Baum gewesen, unter dessen Schatten der Born der Weisheit quoll. Wotan

104 Götterdämmerung.

Textb. that einen Trunk aus diesem Quell und gab dann ein Auge
S. 6 für einen Ast des mächtigen Baumes, um den Schaft seines
Speeres aus ihm zu schneiden. An dieser Wunde krankte
der Baum lange Zeit, die Blätter fielen ab, die Quelle versiegte, und nun spinnt sie nicht mehr an der Weltesche,
singt die Norne, sondern die Tanne muss ihr taugen, das
Seil zu befestigen. Bei der Erwähnung Wotan's hören wir
das Walhall-Motiv:

und die Entstehung seines Speeres begleitet das Speer- und Vertrags-Motiv (Vertrags-Motiv, weil die Alten bei dem Speer die Verträge beschworen) 135.

Die Bedeutung des Abfallens der verdorrten Blätter der Weltesche aber wird uns klar durch das Auftreten des Motivs der Götterdämmerung, des Untergangs:

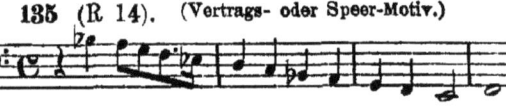

Mit den Worten: *„Singe, Schwester,— dir werf' ich's zu — weisst du wie das ward?"* wirft sie der zweiten das Seil zu. Die Antwort auf diese Schicksalsfrage giebt das Orchester durch das Todverkündungsmotiv in folgender Doppelform:

Die zweite Norne windet das Seil um einen hervortretenden Felsstein am Eingang des Felsengemachs und
S. 7 kündet, dass ein Held den Speer der Weltesche im Kampf zerschlug, sodass er in Stücke sprang. Das Götterschicksals-

Dramatisches Vorspiel (Textbuch S. 6—9).   105

138 (W 66).   (Götterschicksals-Motiv.)

Motiv, dessen zweiter Teil das Motiv der Götterdämmerung aufweist (vergl. W 66b), deutet an, dass das Zerbrechen des Götterspeers symbolisch für das Zerbrechen der Göttermacht ist. Da liess Wotan die Weltesche fällen: *„Singe, Schwester"* ruft sie der dritten Norn zu, *„dir werf' ich's zu — weisst du wie das wird?"* Die dritte der Schwestern nimmt das Seil und wir hören von ihr, dass Wotan die Esche zu Scheiten schlagen liess, die er rings um Walhall zu schichten befahl, und wenn diese dereinst in heller Glut aufflammen, dann ist das Ende der ewigen Götter da. Noch zweimal wird das Seil von Jeder der Nornen der andern zugeworfen. Sie wissen auch, dass "Loge" um Brünnhildens Fels brennt, und Wotan dereinst seinen geborstenen Speer in das Feuer tauchen wird, um damit die Scheite der Weltesche anzuzünden. Doch das Seil wird locker, und Schuld daran ist Alberich. Das Motiv des verhängnisvollen Ringes lässt sich hören, und der Fluch Alberich's zernagt, gleich dem scharfen Stein, um den

139 (R 11). (Ring-Motiv.)

die eine der Schwestern in Hast das Seil wiederum schlingt, das Gespinnst desselben. Auf die letzte der Fragen: *„Weisst du, was daraus wird?"* erfolgt keine Auskunft der Schwestern mehr, nur im Orchester erklingt in den tiefen Trompeten ein Motiv, das sich aus dem

106 Götterdämmerung.

140 (R 30). (Siegschwert-Motiv.)

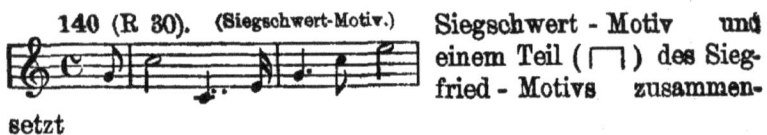

Siegschwert - Motiv und einem Teil (⌐⌐) des Siegfried - Motivs zusammensetzt

141 (W 68). (Siegfried-Motiv.) vergl. 142.

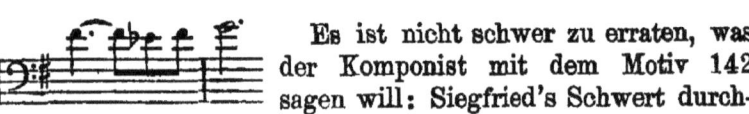

Es ist nicht schwer zu erraten, was der Komponist mit dem Motiv 142 sagen will: Siegfried's Schwert durchschneidet den unentwirrbar scheinenden Schicksalsknoten,

142.

denn durch das Schwert gewinnt er den Ring, durch den Ring fesselt er Brünnhilde an sich, und an der Liebe beider

Textb. erlahmt Alberich's Fluch. Die Tilgung der Götterschuld ist
S. 10 möglich . . . . das Seil aber reisst. Ein kurzer Zweiunddreissigstel - Lauf in den Holzbläsern wird durch einen *fortissimo* - Schlag unterbrochen, ein zweiter Akkord im *diminuendo*, ein dritter im *piano* . . . die Nornen sind verschwunden, ihr Abschiedsgruss ist das im *pp* verklingende Todverkündungs-Motiv.

Aus dem Felsengemach treten Siegfried und Brünnhilde, Siegfried in vollem Waffenschmuck, Brünnhilde ihr Ross am Zügel führend, denn Siegfried will in die Welt hinausziehen. Ihn treibt's zu neuen Thaten; das deuteten schon die Hörner, welche mit dem in $^4/_4$-Takt übertragenen Hornruf Siegfried's (143), den man als das von der jugendlich überschäumenden Kraft zur mannhaften Heldenhaftigkeit Siegfried's abgeklärte und gefestigte „Helden-Motiv Siegfried's" bezeichnen kann (entstanden aus 144 des Jünglings Hornruf).

Dramatisches Vorspiel (Textbuch S. 9—12).

143. (Helden-Motiv Siegfried's.)

144 (S 82). (Siegfried's Hornruf.)

Ehe Brünnhilde den Gatten ziehen lässt, versichert sie ihn noch einmal ihrer Liebe, wobei wir ein neues, im Folgenden sehr oft angewandtes Motiv Brünnhilde's, das der Gattenliebe hören, wobei Wagner der psychologischen Verwandlung der Walküre in das liebende Weib in der Wahl des neuen Motivs Rechnung trägt, welches dem heldenhaft energischen Walküren-Thema gegenüber weich und innig Brünnhilde als Weib charakterisiert.

145. (Motiv der Gattenliebe I.)

Siegfried beteuert, Brünnhilde's nie zu vergessen, und Brünnhilde dagegen sagt ihm: „*Willst du mir Minne schenken, gedenke deiner nur, gedenke deiner Thaten!*" Die nun folgende Rekapitulation der Thaten Siegfried's ist durch ein überaus reiches Motiv-Material begleitet. Neben den schon zitierten Motiven W 68, R 11, R 30 und einigen weniger bedeutenden Motiven tritt das Walküren-Motiv auf dann aber tritt zu dem ebengenannten Motiv Brünnhilde's noch ein zweites Motiv, welches man die Ergänzung von Motiv 145 nennen könnte.

146 (W 51) (Walküren-Motiv.)

147. (Motiv der Gattenliebe II.) Anhang.

Siegfried giebt als Unterpfand seiner Treue Brünnhilden den Ring des Nibelungen (139 in den Holzbl.), und Brünn-

Textb. S. 11

S. 12

Götterdämmerung.

Textb hilde ihm dafür „Grane", ihr treues Ross. So sagt sich
S. 12 denn das treue Paar Lebewohl: „*Getrennt — wer will es*
u. 13 *scheiden? Geschieden — trennt es sich nie!"* In die
Abschiedsgrüsse mischt sich der Hornruf Siegfried's über-
leitend in das Motiv der Fahrtenlust. Lange noch
148 (S 90). (Motiv der Fahrtenlust.) schaut Brünnhilde dem fröhlich zu Thal Ziehenden nach;
— schwächer und schwächer
werden die Hornrufe, und nun übernimmt das Orchester
als Zwischenaktsmusik die Schilderung des Folgenden: Zunächst
gesellen sich den Hornrufen die chromatischen Figuren
Loge's, des Feuergottes, denn Siegfried durchschreitet am
Fusse des Brünnhildensteines das Feuer,

149 (R 19). (Loge-Motiv.)

und dann folgen wir Siegfried auf fröhlicher Rheinfahrt.
Das Werde-Motiv in Verbindung mit dem Wellen-Motiv, einer
auf- und niederwogenden Streicher-Figur, hat hier den Zweck,
uns an den Rhein zu versetzen, auf dessen Wellen der Kahn
Siegfried's dahingleitet. Dass es nicht ein anderer Strom,
sondern der Rhein ist, sagt  **150** (R 9). (Rheingold-Motiv.)
uns das Rheingold - Motiv
und der Sang der Rhein
töchter, welcher mit jenen
herrlichen, die Klage um das Gold motivisch kennzeich-
151 (R 10). nenden Akkorden beginnt:
Doch der frohgemute Held scheint ihrer
Klage nicht zu achten und treibt mit starker
Hand den Kahn stromaufwärts, seinem
Reiseziel, dem Schlosse des Königs der
Gibichungen entgegen.

Dramat. Vorspiel und I. Aufzug, I. Scene (Textbuch S. 12—16).

Erster Aufzug.
Scene I.

Vor uns liegt die Halle der Gibichungen.*) Der nach hinten zu offene Teil der Halle liegt am Ufer des Stromes. Gunther, der König (hoher Bass), seine Schwester Gutrune (Sopran) und Hagen, sein Halbbruder (tiefer Bass) sitzen in derselben. Das Motiv Hagen's beginnt die Scene, ein Motiv, welches wilde Entschlossenheit auszuprägen geeignet ist, während der Anhang an dasselbe, mit dem es hier zum ersten Mal auftritt, eine unheimliche Ähnlichkeit

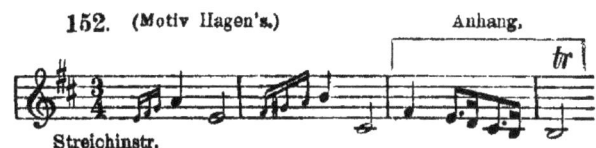

152. (Motiv Hagen's.) Anhang.
Streichinstr.

mit dem Motiv der Götterdämmerung (138b) aufweist, zumal unter dem Triller die Bassstimmen jene punktierte Figur nach der Tiefe zu fortsetzen. Ihm auf dem Fusse folgt das Gibichungen- — oder im engeren Sinne — Gunther-Motiv, dessen glanzvolle Klänge stolzes Machtbewusstsein verraten.

153. (Gibichungen-Motiv.)
Tromp. Fl. Ob. Klar.
Pos. Horn.

Im Zwiegespräch zwischen Gunther und Hagen giebt Hagen seinem Bedauern Ausdruck, dass Guther noch kein Weib gefreit und für Gutrune noch kein Gemahl gefunden

---
*) d. h. der Gibich-Söhne bezw. Nachkommen.

110 Götterdämmerung.

Textb. sei. Gunther fragt, wen er denn zu freien ihm rate. Das
S. 16 innige Motiv Freia's, der Göttin ewiger Jugend und
Schönheit, schlingt sich mif den Tönen der tiefen Klarinette
(Bass-Klarinette) um des Königs Frage.

154 (R 21). (Freia-Motiv.)

Hagen preist Brünnhilden (Walküren-Motiv 146) als
das herrlichste Weib der Welt, welches dem bestimmt sei,
der das sie schützende Feuer durchschreiten könne. Doch
das könne nur Einer: Siegfried, der Wälsungen-Spross, bei
dessen Namensnennung das Helden-Motiv der Wälsungen (W 42)
in den Streichinstrumenten
ertönt. Gutrune hat zugehört
und fragt, was denn der
Held so grosses vollbracht,
dass man ihn den kühnsten
und stärksten nenne.

155 (W 42). (Helden-Motiv d. Wälsungen.)

S. 17 Motiv 153, welches vielfach das Gespräch durchzieht,
weicht nun den auf Siegfried's Thaten bezüglichen Motiven:
dem Ring- und Rheingold-Motiv (s. Vorspiel), den Drachen-
Motiven (R 25 und S 101), welche, als für die Götterdämmerung
weniger belangvoll, mit Rücksicht auf den Umfang dieses
Heftes hier nicht angeführt werden können. In dem Gefolge
der vorhergehenden Motive sind das Sieg-Motiv (S 112, eine
Verquickung von Siegschwert-Motiv und Hornruf Siegfried's),
das Siegschwert-Motiv (140) und das Frohn-Motiv (156),
(hier noch die Herrschaft Siegfried's als Ringbesitzer über
die Nibelungen bezeichnend, im Verlaufe des Dramas jedoch
als Unheils-Motiv zur Bezeichnung des ihm von jenen drohenden
Unheils gebraucht), ausschliesslich angewandt. Ärgerlich und
aufgeregt schreitet Gunther in der Halle auf und ab; denn
wozu macht Hagen ihn lüstern nach dem, was er mit seiner
Kraft nicht erreichen kann? Doch Hagen hat einen Plan:

I. Aufzug, I. Scene (Textbuch S. 16—19).

156 (R 7). (Frohn- oder Unheils-Motiv.)

157. Klar.

„*Brächte Siegfried die Braut dir heim, wär' dann Brünnhild' nicht dein?*"
Hagen's Überredungskunst, oft auch sein Spott, werden mit folgender Phrase als Grundform begleitet:
Allen auf Hagen bezüglichen Motiven ist mehr oder weniger ein Melodiesprung (Septime, auch Quarte und Quinte, oft vermindert) als Beginn des Motivs eigen. Man kann sich des Gedankens nicht erwehren, dass Wagner in Hagen und seinem gesamten Handeln nur eine einzige That konzentriert und personifiziert sieht: den Todesstreich, dem Siegfried erliegt, und jedes der genannten Motive scheint den niedersausenden Speer des Mörders zu kennzeichnen, selbst da, wo Hagen, wie in diesem Fall nicht so schroff gezeichnet ist, wie z. B. in Motiv 152, seinem eigentlichen Charakter-Motiv. Gutrune, so ist sein Plan, soll zunächst Siegfried an sich fesseln, — und dann würde eine Bitte genügen, Siegfried für Gunther zum Freiwerber zu gewinnen. „*Du Spötter, böser Hagen! Wie sollt' ich Siegfried binden?*" fragt Gutrune. Aber auch da weiss Hagen Rat: „*Gedenk' des Trankes im Schrein . . . den Helden, dess' du verlangst, bindet er liebend an dich. Träte nun Siegfried ein, genöss' er des würzigen Trankes, dass vor dir ein Weib er ersah . . . vergessen müsst' er dess' ganz.*" (Motiv 161). Gunther und Gutrune sind mit dem Plan wohl einverstanden, — aber, wie des Helden habhaft werden? — Doch horch! vom Rhein her klingt ein Horn (Siegfried's Hornruf, 144), und Hagen, der hinausschaut, berichtet, dass in einem Kahn ein Held und ein Ross stromaufwärtsfahren. Es müsse Siegfried sein, denn kein anderer besässe die Kraft, mit so gemächlichem Ruderschlage den Kahn so schnell gegen die Strömung zu treiben. Hagen ruft dem Ankömmling entgegen: „*Hoiho! wohin, du heit'rer Held?*" — *Zu Gibich's starkem Sohne!*" tönt es zurück. Hagen

Textb. S. 18

S. 19

fordert ihn auf, hier anzulegen. Doch für den aufmerksamen Zuhörer ist der Judasgruss Hagen's nicht zu verkennen, denn sein: „*Heil Siegfried! teurer Held!*" welches er dem Ankömmling entgegenruft, erklingt *unisono* mit der Posaune, in dem Motiv des Fluches Alberich's (R 26 etwas gedehnt) des Vaters von Hagen.

158 (R 26). (Fluch-Motiv.)

Scene II.

Siegfried tritt in die Halle und Gutrune, deren Blick in freudiger Überraschung auf dem Helden geruht hat, hat
Textb. sich, sichtlich verwirrt, in ein Nebengemach zurückgezogen.
S. 20 Siegfried fragt nach Gunther, der sich ihm zu erkennen giebt, und will mit ihm, dessen Mannhaftigkeit er hat rühmen hören, kämpfen; doch Gunther sagt: „*Lass' den Kampf: sei willkommen!*" Siegfried giebt Hagen sein Ross und bittet ihn, es wohl zu hüten, denn es sei von edler Art. Dass er Brünnhilde's dabei gedenkt, zeigt Motiv 145 in den Violinen sowie Motiv 147, während der Ritt-Rhythmus ♪♫ ♪♫ die Fähigkeit des Renners illustriert. Nach
S. 21 echt germanischer Sitte stellt Gunther sich und sein Land dem Gastfreunde zur Verfügung, wogegen Siegfried nur sich selbst geben kann, und bei dem von ihm selbst geschmiedeten Schwerte (Schwert-Motiv und Schmiede-Motive bekräftigt er diesen Freundschaftsbund.

159 (S 77a). (Schmiede-Motiv.)

Hagen, der hinter ihnen steht, wirft ein: „*Doch des Niblungen Hortes nennt die Märe dich Herrn?*" Siegfried erzählt ihm, dass er den Hort in der Höhle gelassen habe, nur ein Gewirk, unkundig seiner Kraft, habe er mitgenommen. Hagen erklärt ihm den Zauber des
S. 22 Tarnhelms und forscht dann weiter: „*Sonst nichts entnahm'st du dem Hort?*" worauf der Held ihm antwortet, dass er dem Horte auch einen Ring entnommen, den eine

I. Aufzug, II. Scene (Textbuch S. 19—23).

Frau hüte (Ring-Motiv 139 und Motiv 147 in den Holzbläsern). Da öffnet Hagen eine Thür und herein tritt Gutrune mit dem gefüllten Trinkhorn; ihr Begrüssungs-Motiv (160) wird in verschiedenen Varianten, die den Kern des Motivs wenig oder gar nicht verändern, gebraucht. Die wichtigste von ihnen ist 160a, weil sie die Wirkung des Motivs steigert und

zugleich mildert, indem das Motiv trotz seiner Weichheit bei seinem ersten Auftreten 160 etwas an die Motive Hagen's erinnert. „*Willkommen Gast, in Gibich's Haus!*" begrüsst Gutrune den Helden. „*Seine Tochter reicht dir den Trank.*" Siegfried dankt ihr freundlich und leert das Horn im Andenken an Brünnhilde, indem wir die Klänge hören, die die Worte Brünnhilde's nach ihrer Erweckung begleiteten: „*O Heil der Mutter, die dich gebar*" (S 126). Doch die Wirkung des Zaubertrankes bleibt nicht aus; das dem Tarnhelmzauber aus „Rheingold" nachgebildete Motiv des Zaubertrankes kennzeichnet dieselbe.

Sofort tritt auch in Siegfried's Benehmen eine merkliche Aenderung ein. Mit rasch entflammter Leidenschaft — Motiv 60 beherrscht die Situation — Textb. spricht er zu der verwirrt S. 23 Errötenden, die unter den sie bewundernd verfolgenden Blicken Siegfried's die Halle verlässt. Ihr nach aber tönt

Alberich's Fluch im gedämpften Horn (Motiv 158), und gleichsam ersterbend folgt das matter gestaltete Motiv Brünnhilde's (145). Sehr wohl erklärlich durch die Gedankenverbindung zwischen ihm und Gutrune, die man sich infolge der durch den Trank veränderten Sinnesrichtung Siegfried's vorstellen muss, ist die plötzlich hervorbrechende Frage des Helden: *„Hast du, Gunther, ein Weib?"* Gunther verneint, indem er hinzufügt, dass er wohl auf eine den Sinn gesetzt, — das Walküren-Thema nennt den unausgesprochenen Namen — doch diese sei ihm schwerlich beschieden. *„Was wär' dir versagt, steh' ich zu dir?"* fragt Siegfried dagegen. Eine geradezu erschütternde Wirkung bringt das zu diesen Worten angewandte Motiv des Liebesjubels (162) in den Streichinstrumenten hervor. Die überquellende, jubelnde Seeligkeit innigster Liebe, die dieses Motiv atmet, mit dem sich Siegfried und Brünnhilde in die Arme sanken, es begleitet den Verrat an ihr; — ergreifender konnte das Unerbittliche des tragischen Geschickes nicht gezeichnet werden.

162 (S 127). (Motiv des Liebesjubels.)

Gunther erzählt Siegfried sodann, dass auf hohem Felsensitz von Flammen umschlossen die Maid ruhe, die er zu gewinnen trachte, und nur wer das Feuer durchschreite, könne Brünnhilde's Freier sein. Als wenn noch eine Spur von Gedächtnis an die Vergangenheit in Siegfried lebte, wiederholt er sich besinnend doch halb mechanisch die einzelnen Sätze der Rede Gunthers. Zwar wollen das Motiv des Feuerzaubers (durch die flackernden Figuren Loge's gekennzeichnet) und die Stimme des Waldvögleins, welches Siegfried seinerzeit zum Brünnhildenstein führte, sein Erinnern wach rufen, doch vergeblich . . selbst der Name „Brünnhilde" macht keinen Eindruck mehr auf Siegfried, denn mit gedämpftem Horn hören wir Motiv 161: die Wirkung des

I. Aufzug, II. Scene (Textbuch S. 23—26).

Vergessenheitstrankes. Siegfried selbst ist bereit, mittelst des Tarnhelms in der Gestalt Gunther's das Feuer zu durchschreiten und Brünnhilde zu freien, wenn er Gutrune dafür zum Weibe erhalte. Gunther und Siegfried beschliessen, zur Bekräftigung ihres Bundes Blutbrüderschaft zu schwören. Alberich's Fluch (Motiv 158) leitet die Vorbereitungen zum Eide ein, und die Posaunen lassen das Vertrags-Motiv erschallen. Dasselbe Motiv (Motiv 135) erklingt beim Auflegen der Hände auf das Trinkhorn, in welches beide Blut aus einer in den Arm geritzten Wunde zu dem Trank fliessen lassen. Wie der Blutbrüderschafts-Eid mit Motiv 135 eingeleitet wurde, wird er auch mit demselben abgeschlossen. Noch zu erwähnen ist ein Motiv, welches als das des Sühnerechts bezeichnet wird (163) und zu den Worten passt: *„Bricht ein Bruder den Bund, trügt den Treuen der Freund: was in Tropfen hold heute wir tranken, in Strahlen ström' es dahin, fromme Sühne dem Freund!*

163. (Motiv des Sühnerechtes.)

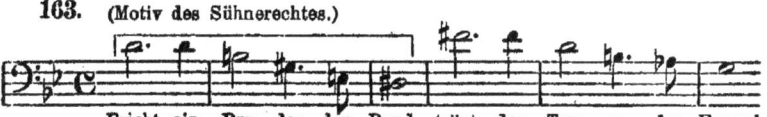

Bricht ein Bru - der den Bund, trügt den Treu - en der Freund

worauf in Tuben und Hörnern sich wiederum das Fluch-Motiv drohend erhebt. Hagen, der seitab gestanden, entschuldigt seine Nichtteilnahme an dem Bruderbund mit seinem Blute, das ihm nicht ächt und edel wie jenen fliesse, und zwar unter den Klängen von Motiv 163 und Motiv 164, dem

164 (R 18). (Jugend-Motiv.)

Motiv der ewigen Jugend, welches hier natürlich beissende Selbstironie bedeutet, während seine wahre Abstammung mit dem Schmiede-Motiv der Nibelungen in folgender auseinander gezerrter Form gekennzeichnet ist:

164 a.

Siegfried findet weder in Hagen's Worten noch Benehmen etwas Auffälliges. Aber dass er unbewusst seinem Verderben entgegen getrieben wird, lassen uns das erklingende Loge-Motiv (siehe 149) und das Walküren-Motiv (siehe 146) ahnen. Kaum kann er schnell genug mit Gunther in den Kahn steigen. Gutrune, die an der Thüre ihres Gemaches erscheint, fragt: „*Wohin eilen die Schnellen?*" und Hagen's Textb. Antwort, der als Wächter der Halle zurückgeblieben ist, S. 27 lautet: „*Zu Schiff, Brünnhild' zu frei'n. Sieh' wie's ihn treibt, zum Weib dich zu gewinnen!*" „*Siegfried — mein!*" jubelt es in Gutrune; doch das diesen Ausruf verkörpernde Motiv (165) ist ohne Gutrune's Zuthun ein Motiv Hagen's geworden, denn durch Hagen's Trank ist er der Ihrige geworden, ohne dass sie darin ein Unglück ahnt. Der Schlussschritt der verminderten Quinte ist, wie wir schon oben erwähnten, in den Motiven Hagen's besonders charakteristisch. Hagen ist allein, und im Selbstgespräch gedenkt er der Gegenwart und der Zukunft. Geheimnisvoll sind die Streichinstrumente gedämpft, die Einleitung aber zu Hagen's Worten wird mittelst des Nibelungen-Rhythmus (166) bewirkt. Die Eigenthümlichkeit dieses Rhythmus, den man sich aus dem Schmiede-Motiv-Rhythmus der Nibelungen entstanden denken muss, liegt in der Anwendung aneinander gereihter Synkopen. So wie die Synkope entgegen der bestehenden Taktordnung bestrebt ist, diese zu untergraben, zu zerstückeln und der Komposition ihren eigenen Typus aufzuzwingen, so die Nibelungen, welche beständig das Bestehende unterwühlend, nur ein Ziel kennen: die Erlangung der eigenen Machtstellung und sollte das All darüber zu Grunde gehen. Dass dieser Rhythmus ausserdem noch den Schmiede-Rhythmus zum Ursprung hat, ist äusserst logisch, wenn wir uns dessen

I. Aufzug, II. Scene (Textbuch S. 27).

erinnern, dass der Schmiede-Motiv-Rhythmus schon bei seinem ersten Auftreten im Rheingold, neben der allgemeinen Bedeutung als Attribut der erzschmiedenden Nibelungen, die besondere des Hinweises auf Alberich, als Herrn des aus dem Rheingold schmiedbaren Macht-Ringes hatte. Die Entstehung jenes Ringes aber ist schon eine Erschütterung des Bestehenden. — Wiederum haben wir hier eine Stelle, eine unter hunderten, vor uns, mit der wir beweisen können, dass Wagner nicht nur mit groben Strichen oder lärmenden Orchestereffekten zeichnet, wie seine Gegner behaupten. O nein! er setzt Licht und Schatten, helle und dunkle Töne, malt feine und grobe Striche, doch jedes zu seiner Zeit.

166 (S 11ɔ). (Nibelungen-Rhythmus.)

Das Horn Siegfried's, welches noch aus der Ferne herüberklang, ist verstummt, und zu den einleitenden Synkopen ertönt Hagen's Charakteristikum: im Kontrabass die verminderte Quinte, die ihn aus seinem Sinnen emporschreckt. Hohnvoll gedenkt er des Helden, der mit starker Hand das Steuer führt (Siegfried-Motiv, 141), um dem Gibichung das eigene Weib als Braut zuzuführen. „*Mir aber,*" setzt er hinzu, „*bringt er — den Ring! Ihr freien Söhne, frohe Gesellen, segelt nur lustig dahin! Dünkt er euch niedrig, ihr dient ihm doch — des Niblungen Sohn'.*" Das Rheingold-Motiv (150), gefolgt vom Frohn-(Unheils-) Motiv (Motiv 156), erst in den Holzbläsern und dann in den gedämpften Hörnen, bestätigen Hagen's Worte. Ein Teppich schliesst die Halle und damit die Scene, während die Verwandlungs-Musik auf den Inhalt des folgenden weist. Thematisch herrschen das Fluch-Motiv (158), das Vertrags-Motiv (135) und das Unheils-Motiv, durch die vorher erwähnte Begleitung des Rhythmus 166 zu einem Ganzen verschmolzen, vor.

Scene III.

Die Scenerie des Vorspiels liegt vor unsern Blicken. Brünnhilde sitzt vor dem Felsengemach und betrachtet in Sinnen versunken den Ring, den sie von Siegfried erhielt. Von wonniger Erinnerung überwältigt drückt sie einen Kuss auf den Ring, ihre Gedanken ziehen ihm nach, und mit dem Gedenken an ihren Helden umschwebt Motiv 168 (Siegfried der Hort der Welt) ihre Seele (erst in den Streichinstrumenten, dann in den Bläsern). Selbstredend fehlt auch das Walküren-Motiv nicht (Motiv 146). Doch nun durchzuckt ein Blitz den klaren Aether, und neben den aufgeregten, ein heranziehendes Wetter veranschaulichenden Orchester-Figuren erscheint wiederum das Walküren-Motiv, jedoch in Verbindung mit dem Flucht-Motiv

168 (S. 129).

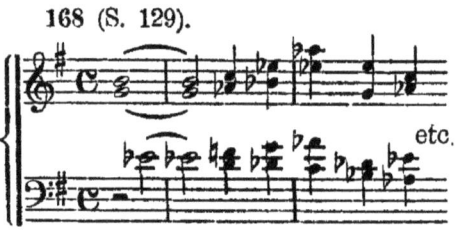

etc.

Textb. S. 28   169 (R 16). (Flucht-Motiv.)

Brünnhilde hat gelauscht und richtig vermutet: eine der Schwestern, Waltraute (tiefer Sopran), kommt auf dem Wolkenross einhergejagt.
S. 29 Freudig begrüsst sie die Ankommende, der besorgten Miene Waltraute's nicht achtend. Doch nicht lange soll sie über Waltraute's Begehren in Zweifel bleiben: Wotan, so erzählt
S. 31 die Schwester, sitzt schweigend in der Schar der versammelten Götter, ohne ein Wort zu sagen, (Todverkündungs-Motiv in den gedämpften Streichinstr.). Freia's Äpfel rührt er nicht an (Jugend-Motiv 164); seine Raben sandte der Gott aus auf die Reise, und wenn sie mit guter Kunde zurückkommen, dann lächelt zum letzten Mal der Gott. Wir Walküren liegen, seine Kniee umwindend, zu seinen Füssen. Da gedachte
S. 32 er deiner, Brünnhilde, und wie im Traume raunte er das Wort: „*Des tiefen Rheines Töchtern gäbe den Ring sie wieder*

I. Aufzug, III. Scene (Textbuch S. 28—35).

zurück, von des Fluches Last erlös't wär' Gott und Welt!" (Fluch-Motiv 158 und Walhall-Motiv 134). Da schwang ich zu Ross mich, um dich zu bitten .... *„Den Rheintöchtern gieb' ihn zurück!"* Brünnhilde kann es vorerst gar nicht begreifen, dann aber fährt sie entsetzt auf: *„Den Rheintöchtern — ich — den Ring? Siegfried's Liebespfand? — Bist du von Sinnen?"* Das Ring-Motiv gestaltet ihre Weigerung nachdrücklich, denn *„werter als aller Götter ewig währendes Glück!"* (Motiv 170, das Motiv der Welterbschaft, mit dem Wotan seinerzeit Siegfried und Brünnhilden als Welterlöser bezeichnete) gilt ihr Siegfried's Liebe.

170 (S 123). (Motiv der Welterbschaft.)

Darum soll Waltraute den Göttern sagen, von der Liebe lasse sie nie. Sie versichert dieses, indem sie zu ihren Worten die Melodie des Entsagungs-Motivs gebraucht (R 12), auch das Unmut-Motiv (171), eigentlich ein Motiv Wotan's, wird in die absagende Antwort Brünnhilde's verflochten, welches vorher auch in Waltraute's Rede im Sinne des Gottes angewandt wurde. Die wenigen

171 (W 56). (Unmut-Motiv.)

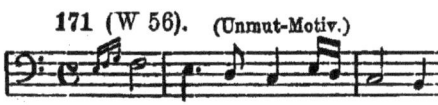

Worte, die Waltraute hierauf erwidert, stützen sich auf das Fluch-Motiv (158 in den Holzbläsern); dasselbe Motiv erklingt zu Brünnhilde's Aufforderung: *„Schwinge dich fort!"* Zu dem *„Wehe! Wehe!"* der fortstürzenden Schwester aber bringt das Tutti der Blasinstrumente das Todverkündungs-Motiv (133). — Plötzlich flackert die Lohe um den Felsen höher (Loge-Motiv 149), und aus der Ferne ertönt im Horn das Siegfried-Motiv (141). *„Auf! — Auf! ihm entgegen! in meines Gottes Arm!*... Ha! — was ist das? Siegfried, auf dem Haupte den Tarnhelm, also für Brünnhilden unkenntlich, dringt durch die Flammen. *„Verrat!"* schreit sie auf. *„Wer drang zu mir?"* Noch ehe Siegfried mit

120 Götterdämmerung.

Textb. verstellter — tieferer — Stimme antwortet, lassen die Hörner
S. 36 das Motiv des Zaubertrankes (161) vernehmen, und die Erklärung: „*Ein Gibichung bin ich, und Gunther heisst der Held, dem, Frau, du folgen soll'st!*" sucht Motiv 153, das Motiv der Gibichungen, zu bewahrheiten. Da bricht Brünnhilde in Verzweiflung aus: „*Wotan! ergrimmter, grausamer Gott! Weh'*:

zu *Hohn und Jammer jag'st du mich hin!*" Unter den Klängen des Unheils-Motivs (156) mit der Begleitung der Nibelungen-Synkopen (166) will Siegfried auf sie eindringen, doch die Hand mit dem Ringe gegen ihn ausstreckend (Ring-Motiv 173), heisst sie ihn dieses Zeichen fürchten. Trotzdem ergreift er sie — doch mit grosser Kraft entwindet sie sich ihm (Walküren-Motiv). „*Zurück, Räuber, frevelnder Dieb!*"

S. 37

Aber vergeblich... erst in der Posaune, dann im Fagott, Tromp., Vcl. und Bass richtet sich das Fluch-Motiv (158) auf, — der Ring wird ihr entrissen... Gebrochen sinkt sie nieder, und während sie in ohnmächtigem Brüten vor sich hinstarrt, verrät der Rhythmus des Motivs 166, was ihr noch verborgen bleibt: es ist das Werk der Nibelungen, und aus ihrem gequälten Herzen ringt sich wie ein verzweifelter Seufzer (Motiv 145 in der Bass-Klarinette) los. Siegfried zieht sein Schwert (Vertrags-Motiv 135 in den Hörnern und Schwert-Motiv 140, dazu in der Trompete). „*Nun, Notung, zeuge du, dass ich in Züchten warb: die Treue wahrend dem Bruder, trenne mich von seiner Braut!*" Wankenden Schrittes geht Brünnhilde vor Siegfried in das Felsengemach. Im schmetternden *ff* geht ohnmächtig der nochmalige Hilferuf des Motivs 145 unter.

Zweiter Aufzug.

Scene I.

Es ist Nacht. — Hagen sitzt vor der Halle der Gibichungen, den Speer im Arm, den Schild zur Seite .... er schläft. Plötzlich bricht das Mondlicht durch eine Wolke und man gewahrt Alberich vor seinem Sohne kauernd. Das Orchester kennzeichnet die Situation mit dem Rhythmus des Motivs 166, welche von Hagen's Charakteristikum, der verminderten Quint in den Posaunen, Tuben und dem Violoncell, sowie von dem Unheils-Motiv (156) in den Holzbläsern durchschnitten werden. Ein neues Motiv, welches wir mit den Namen des Mut-Motivs Hagen's (174) belegen, leitet die Scene ein, während Alberich's Erscheinen Motiv 139.

174. (Mut-Motiv Hagen's.)

das verhängvolle Ring-Motiv, als Inbegriff des Lebens und Strebens Alberich's, ankündet. *"Schläfst du, Hagen, mein Sohn?"* — Doch Hagen schläft nicht mehr. *"Was hast du meinem Schlaf zu sagen?"* fragt er zurück. Das Unheils-Motiv im Horn sagt ihm genug und Alberich's Worte bestätigen es. *"Gemahnt sei der Macht, der du gebietest, bist du so mutig, wie die Mutter dich mir gebar."* Hagen versichert den Vater seines Mutes und des Hasses gegen alle Frohen im Verein mit dem, durch Rhythmus 166 begleiteten Mut-Motiv (174). Schon rächte sich die Gewaltthat Wotan's, mir den Ring zu entreissen, raunt Alberich dem Sohne zu, denn vom eigenen Spross ward ihm der Speer zerschellt. (Siegfried-Motiv 141 im Horn). Siegfried aber ahnt die Macht des Ringes nicht, lachend (Hornruf Siegfried's 144) lebt er dahin, und ihn müssen wir verderben. *"Zu seinem Verderben dient er mir schon!"* ist die fürchterliche Antwort Hagen's, die sich mit dem Motiv des Verderbens (**175**) paart,

175. (Motiv des Verderbens.)

Streichinstr.

dessen Verwandtschaft mit Motiv 174 als eine aus diesem Motiv folgernde Weiterentwickelung angesehen werden kann. Motiv 175, von 166 begleitet, beherrscht bis zum Schluss der Scene die Situation. Alberich heisst seinen Sohn schwören, dass er die begonnene Vernichtungsarbeit fortsetzt. „*Mir selbst schwör' ich's,*" erwidert Hagen, der nicht minder nach Weltherrschaft geizt als sein Vater, und das Fluch-Motiv, welches sich in den Klängen der Posaune verkörpert, verleiht seinem Schwur Nachdruck; und mit den Worten: „*Sei treu, Hagen, mein Sohn!... Sei treu! sei treu! — treu!*" verschwindet unter dem Klange des dreimal im Englischen Horn wiederholten Unheils-Motivs der Albe im Schatten der Dämmerung.

Textb.
S. 41

Scene II.

Die kurze Orchester-Einleitung zur zweiten Scene, welche dem allmählich aufdämmernden Tage seine Farbenklänge leihen soll, ist in der Art eines Pastorale in den Hörnern gehalten, welche in den Hornruf Siegfried's (144) überleiten, während die chromatischen Figuren Loge's erläutern, dass Siegfried, dessen frohen Ruf wir soeben vernehmen, geradesswegs vom Brünnhildenfelsen kommt. Gutrune, welche auf Siegfried's Nachfrage von Hagen herbeigerufen wird, tritt, von einer einschmeichelnden Klarinetten-Phrase begleitet, in die Halle. In den Holzbläsern hören wir ein Begrüssungs-Motiv:

S. 42

176. (Begrüssungs-Motiv.)

und den Scene II und III belebenden Hochzeitsruf, der aus dem Anfang des Gutrune-Motivs entwickelt ist. Siegfried erzählt nun in Folgendem, wie er Brünnhilde überwältigte,

S. 43

II. Aufzug, I. Scene (Textbuch S. 41—45).

177. (Hochzeitsruf.)

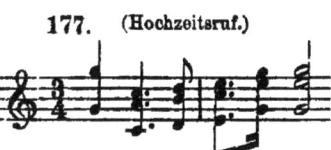

und wie er beiden, Brünnhilden und Gunther, der sie von ihm empfangen, voraus hierher geeilt sei. Die Liebe Siegfried's für Gutrune spricht sich in folgendem, meist in den Streichinstrumenten auftretenden Motive aus, welches der ganzen Erzählung Siegfried's Gutrune gegenüber eine gewisse Vertraulichkeit verleiht.

Textb S. 44

178.

Gutrune hat mit Spannung seinen Bericht gelauscht und eilt hinweg, um frohe Frauen zum bevorstehenden Hochzeitsfeste Gunther's zu rufen. „*Du, Hagen! minnig rufe die Mannen nach Gibich's Hof zur Hochzeit!*" (Motiv 176). Siegfried verlässt sodann mit Gutrune die Halle. S. 45

Scene III.

Der Humor, den Wagner nunmehr dem Hagen unterschiebt, indem er ihn „minnig" die Mannen zusammenrufen lässt, fällt grimmig genug aus. Hagen macht sich den Scherz, auf einer Anhöhe vor der Burg stehend, über die Lande hin sein gewaltiges Stierhorn ertönen zu lassen, was dem Brauch gemäss als Heerhorn zum Streite ruft, und die Worte die er hinausruft, klingen auch just nicht nach einem Hochzeitsruf: „*Hoiho! Hoiho! Hoiho! Ihr Gibich's Mannen machet euch auf! Wehe! Wehe! Waffen durch's Land! — — — Not! Not ist da! Not! Wehe! Wehe! Hoiho! Hoiho! Hoiho!*" Schon sein „*Hoiho!*" und „*Wehe!*" die er im Tonfall des Unheils-Motivs ruft, bringen eine schauerliche Wirkung hervor, zumal Motiv 177 dazu in merkwürdigem Kontrast steht. Die von allen Seiten kampfgerüstet, hilfsbereit herbeiströmenden Mannen werden in höchst charakteristischer Weise mit Motiv 179 eingeführt:

179. (Motiv der hilfsbereiten Mannen.) Erst einzeln, dann immer mehr vereinigen sich schliesslich zu einem Chor, der mit seinem Nebeneinander und Durcheinander verschiedenster Fragen äusserst lebenswahr und frisch wirkt. Das Gibichungen-Motiv (153), der Hochzeitsruf (177) und das Motiv der hilfsbereiten Mannen sind das thematische Material, aus welchem sich die Begleitung dieses Ensembles aufbaut. Die Fragen der Mannen beantwortet Hagen stückweise derartig, dass sie erst zum Schluss erfahren, weshalb sie eigentlich gerufen wurden.*) Ihre ausgelassene Lustigkeit über diesen Scherz, den sie von Hagen am wenigsten vermutet hatte, dämpft Hagen, der immerwährend ernst geblieben ist, mit Worten der Ermahnung, der neuen Herrin treu zu sein.

Scene IV.

Unterdessen ist der Nachen mit Gunther und Brünnhilde angekommen. Lärmend schlagen die Mannen zur Begrüssung die Schilde und Speere aneinander; ein Teil zieht den Kahn ans Land, und während die Fanfaren des Braut-Marsches schmettern, schreitet Brünnhilde wie geistesabwesend unter den Klängen des Walküren-Motivs (146) an Gunther's Seite herein, der sie dem Gefolge, Gutrune und Siegfried vorstellt. Motiv 160 und 145 wechseln ab, und bei der Erwähnung der „*zwei seligen Paare*" greift Motiv 177 in die Situation ein. Entsetzt prallt Brünnhilde zurück: sie hat Siegfried gewahrt. In den Posaunen hören wir bedeutungsvoll das Motiv der Todverkündung (133) im *pp*

---

*) Bei den Worten „*Schafe schlachtet für Fricka, dass gute Ehe sie gebe*", und später „*alles den Göttern zu Ehren*" rekapituliert Wagner eine Tonfigur, die er in Siegfried zu den Worten Mime's anwandte, der von Siegfried sagt: „*Liebe zu mir sollt' er erlernen, das gelang nun leider faul*" die Beziehungen zwischen diesen Parallel-Stellen sind nicht schwer zu finden: sie deuten hier wie dort auf eine erzwungene, nicht erwiderte L:ebe.

II. Aufzug, III. und IV. Scene (Textbuch S. 45—51).

verhallen. — Kaum ihrer mächtig stammelt sie unzusammenhängende Sätze, und auf Siegfried's Bemerkung „*Gunther's milde Schwester: mir vermählt, wie Gunther du*" schreit sie auf und ihrem „*du lügst*" folgt wiederum, dieses Mal in den Holzbläsern Motiv 133 — das Motiv der Todverkündung. Siegfried der zunächst steht, fängt die Umsinkende in seinen Armen auf und etwas unsagbar Rührendes liegt in ihren mattgehauchten Worten „*Siegfried — kennt mich nicht?*" zu denen einschmeichelnd, von dem *pianissimo*-Tremolo der Streicher begleitet, ein Klarinetten-Solo und nachher das Cello mit Brünnhildens Motiv den Helden zu mahnen suchen. Da, als Siegfried auf Gunther als ihren Gatten, der nun hinzutritt, weist, gewahrt Brünnhilde an Siegfried's Finger den Ring (Motiv 139). Das Ring-Motiv und in der tiefen Trompete das Fluch-Motiv (158) unterstützen ihren Aufschrei: „*Ha — der Ring an seiner Hand! Er ... Siegfried?*" — Alles fragt bestürzt durcheinander; Hagen aber, der aus dem Hintergrunde zwischen die Mannen tritt, sagt mit schlauer Berechnung: „*Jetzt merket klug, was die Frau euch klagt!*" Das Orchester weist darauf hin, dass der Nibelung aus ihm spricht (166).

Brünnhilde, deren Worte mit dem Motiv seelischer Erregung (180) verbunden sind, kann ihre Aufregung kaum meistern und wendet sich zu Siegfried: „*Nicht dir gehört er* (der Ring) — *ihn entriss mir — dieser Mann!*

180 (W 53). (Motiv seelischer Erregung.)

 etc.

auf Gunther deutend. Doch Siegfried leugnet von Gunther einen Ring empfangen zu haben, und auch Gunther verneint den Ring zu kennen. Motiv 166 erklärt die ganze Scene als Nibelungen-Intrigue; Brünnhilde aber fährt wütend auf. Eine gewaltige, mit einem *fortissimo*-Accorde des *tutti* abschliessende Passage der Streichinstrumente, welche aus dem Motiv 172 entstanden ist, bereitet

126   Götterdämmerung.

181.

Textb.
S. 51 die Anklage vor, die sie Siegfried entgegenschleudert: „Ha! —
*Dieser war es, der mir den Ring entriss: Siegfried, der
trugvolle Dieb!*" Alle blicken erwartungsvoll auf Siegfried;
doch für Brünnhilde's Verzweiflung hat das Orchester nur
eine Antwort (182)
der wir die Worte
unterlegen: „Das
ist der Strafe
Sinn! (vgl. 172)

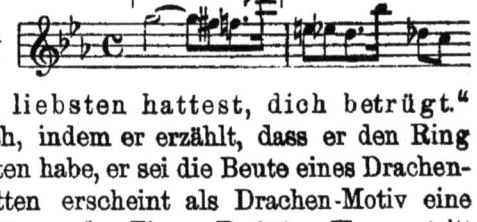

dass er, den du am liebsten hattest, dich betrügt."
Siegfried rechtfertigt sich, indem er erzählt, dass er den Ring
von keinem Weibe erhalten habe, er sei die Beute eines Drachen-
kampfes (in den Fagotten erscheint als Drachen-Motiv eine
sich schwerfällig aufbäumende Figur R 25). Hagen tritt
zwischen sie und — indem Motiv 166 den Grund seines
Fragens beleuchtet, fragt er Brünnhilden, ob sie genau den
Ring, den sie Gunther gegeben, in diesem wiedererkenne.
*„Ist's der, den du Gunthern gab'st, so ist er sein — und
Siegfried gewann ihn durch Trug, den der Treulose
büssen sollt'!"* „*Betrug! schändlichster Betrug!*" ruft
Brünnhilde in furchtbarstem Schmerz aufschreiend. Das
Ring-Motiv in Form von 139 (R 11a) von oben nach
unten hinabstürzend droht den Treulosen niederzuschmettern.
S. 52 „*Verrat! Verrat! — wie noch nie er gerächt!*" Das
dreimalige Unheils-Motiv (156) in den Hörnern aber
zeigt uns, dass Hagen jetzt einen Anhaltspunkt gefunden
hat „treu" zu sein, auch Motiv 182, welches düster in Fagott,
Violine und Kontrabass auftritt. Das Motiv der Strafe für
Brünnhilde entwickelt sich von hier ab zu einem Motiv der
Rache für Brünnhilde's Schmach gegen Siegfried. Dass aber
Brünnhilde selbst diesen Rachegedanken gegen ihn, den sie
über alles liebte, ausspricht, ist eine doppelte Strafe für sie,

II. Aufzug, IV. Scene (Textbuch S. 51—53).

die, nichts ahnend, Siegfried von jetzt ab hasst. Mit einem Sechzehntel-Anlauf erklingt in den Holzbläsern das Walhall-Motiv (134) und das Unmut-Motiv (171), während Brünnhilde die Götter anruft, den zu strafen, der sie betrog. Der Schluss ihrer Worte bildet eine Kette von Unheils-Motiven (183), welche immer tiefer sinken, das Unheil zu versinnbildlichen, welches sich auf Siegfried niedersenken soll.

183.

Wenn Wagner diese Motiv-Reihe in Synkopen auftreten lässt, dürfte es vielleicht nicht ohne Grund geschehen sein, sondern um damit anzudeuten, dass das Unheil — zwar äusserlich von Brünnhilde ausgesprochen und heraufbeschworen, dennoch ein Werk der Nibelungen (Synkopen als Charakteristikum der Nibelungen in 166) ist, deren Wirken sich augenblicklich in dem Treiben Hagen's verkörpert.

Gunther will begütigend einsprechen; doch sie nennt ihn einen Verräter und selbst Verratenen: *„Wisset denn Alle: nicht — ihm — dem Manne dort* (Siegfried) *bin ich vermählt."* In ihrer Anschuldigung kommen bei der Erwähnung Notungs das Schwert-Motiv (140) und das Vertrags-Motiv (135) vor, und die Worte, dass Siegfried sie gefreit, werden mit Motiv 147, dem Motiv der Gattenliebe Brünnhildens in der Klarinette und im Horn bestätigt. Brünnhilde geht sogar noch weiter: sie behauptet von Siegfried: *„Er zwang mir Lust und Liebe ab."* Die zuhörenden Mannen können natürlich nur meinen, dass es sich um einen Vertrauens- und Treuebruch des Bruderschaftseides in sofern handle, als dass Siegfried, der Brünnhilde für Gunther gefreit, in Unehren gefreit habe, während Brünnhilde mit ihrer Anschuldigung die Zeit meint, in der Siegfried zuerst nach ihrer Erweckung um sie geworben hat, was

128   Götterdämmerung.

Textb. Siegfried infolge des Trankes vergessen hat und wovon die
S. 54 Andern mit Ausnahme von Hagen nichts ahnen. Darum
drängen die Mannen, Gunther und Gutrune ihn zu einem
Reinigungseid. Siegfried ist bereit einen Eid zu schwören,
und Hagen erklärt sich bereit, seine Waffe daran zu wagen:
„*Meines Speeres Spitze wag' ich daran: sie wahr' in
Ehren den Eid*" (die verminderte Quinte lässt das etwas
veränderte Hagen-Motiv als solches erkennen.) Vor dem
Eide Siegfried's, der die Finger auf den Speer Hagen's
legt, bringt das *Tutti* Motiv 172. Denn derselbe Speer ist
es, mit dem Hagen in der folgenden Scene den Helden zu
treffen schwört, und dasselbe Motiv 172 ist es, welches
nachher als Motiv 185 den Beschluss: „*Siegfried falle*"
sanktioniert:

„*Bei des Speeres Spitze sprech' ich den Eid: Spitze, achte
des Spruchs! — Wo Scharfes mich schneidet schneide
du mich; wo der Tod mich soll treffen treffe du mich:
klagte das Weib dort wahr, brach ich dem Bruder den
Eid!*"

Kaum hat Siegfried diesen Eid beendet, als Brünnhilde
S. 55 begleitet vom Walküren-Motiv (146) wütend in den Ring
der Männer tritt, Siegfried's Hand vom Speer reisst
und dafür selbst ihre Hand zum Eide an die Waffe legt.
Es ist nun nicht etwa eine Bequemlichkeit des Komponisten,
auch nicht als musikalische Formel anzusehn, dass Brünnhilde
genau (soweit es die Worte zulassen) ihren Gegeneid mit
denselben Tönen, die wir soeben von Siegfried hörten, ausspricht, sondern es entspringt dieses einer inneren Notwendigkeit, indem damit angedeutet wird, dass Beide mit
derselben Berechtigung und in derselben Überzeugung ihres
unantastbaren Rechtes schwören; ganz abgesehen von der

geradezu erschütternden Wirkung die ein solcher Doppeleid, dessen einer im musikalischen Stimmfall des andern das Gegenteil beschwört, auf die Umstehenden machen muss. Beiden Schwüren ist ausserdem zur grausen Bekräftigung Motiv 175, das Motiv des Verderbens zugesellt, während das Charakteristikum Hagen's, die verminderte Quint, von Zeit zu Zeit triumphierend, unbekümmert um die Harmonie des Ganzen, dazwischen tönt. Und wahrlich alles ist in Aufruhr! Was hilft es, dass Motiv 147 sein Recht fordernd sich vergeblich durch die Tonmassen zu drängen sucht? Siegfried bezeichnet Brünnhilde's gerechte Empörung als „*Weibergekeif*", und indem er an Gunther etwas näher herantritt, bedauert er (Loge-Motiv 149 und Tarnhelm-Zauber-Motiv siehe Rheingold Motiv 23), dass der Tarnhelm ihn vermutlich nicht genügend gedeckt habe. „*Doch Frauengroll friedet sich bald*", meint wieder fröhlicher werdend der Held. Allerdings sagt ihm das Ring-Motiv (139) in den Bratschen, dass der Frauengroll hier tiefer liegt, doch übermütig fordert er die Mannen auf, nun wieder fröhlich zu sein: „*In Hof und Hain heiter vor allen sollt ihr heute mich seh'n*. — Fröhlich, wie im Hohn auf den Ernst des Vorhergegangenen, stimmt Siegfried in den Hochzeitsruf (Motiv 177) der Mannen ein und zu den Worten Siegfried's „*wen die Minne freut*", der thue es mir gleich, bringen die Holzbläser, Hörner und Violine das verzerrte Motiv der Liebesentsagung (R. 12), das Motiv, mit welchem Alberich im Rheingold erfährt, dass nur dem der Ring gelingen und zur Macht verhelfen werde, der der Liebe entsage. (Wir verweisen hier auf unsere Ausführungen in der Erklärung des Rheingold.) In lärmender Fröhlichkeit — Motiv 177 und 178 versuchen der Scene ein hochzeitliches Kolorit zu geben. — folgen Mannen und Frauen Siegfried, der seinen Arm übermütig um Gutrune geschlungen hat, in die Halle. — Ihnen nach aber tönt mit dem Klange des Horns das Fluch-Motiv (158).

Scene V.

Textb. Brünnhilde, Gunther und Hagen sind zurückge-
S. 56 blieben. Hagen steht abseits, Gunther hat sich in Scham und Verstimmung mit verhülltem Gesicht niedergesetzt, und Brünnhilde starrt unbeweglich vor sich hin. Der Grund charakter der Scene giebt sich in Motiv (166) zu erkennen. Gegen diesen düsteren Untergrund hebt sich das in der Klarinette zart erklingende Motiv 147 ab, welches gleichsam tröstend der Unglücklichen vorschwebt. „*Welches Unhold's List liegt hier verhohlen?*" kommt es nach der Melodie des Motivs (172) von ihren Lippen. Das Todverkündungsmotiv (133) in den Violinen giebt ihr die unheilverheissende Antwort. Das Motiv der seelischen Erregung (180) verrät die wachsende Aufregung. Sie findet aus dem Wirrsal des Geschickes keinen Ausweg, — ihr Wissen ist am Ende, denn all' ihr Wissen wies sie Siegfried zu (Motiv 170) — Wieder ist es Motiv 147, dessen sie sich nicht erwehren kann, dieses Mal aber wirkt es nicht beruhigend, sondern ist der Aufschrei des zurückgestossenen, noch immer von der Liebe zu Siegfried nicht vollkommen freien Herzens.... Und dennoch, der Gedanke der eigenen Schmach, er drängt alle weicheren Regungen zurück. Ein bis zum *forte* sich aufbäumendes *crescendo* findet seinen Abschluss im Unheils-Motiv (156).

S. 57 Hagen, dem diese Veränderung in Brünnhilde's Empfinden nicht entging, tritt nun an sie heran. (Septimen-Sprung abwärt *ff*) Seine Absicht thut Motiv 175, dem in *ff* die Holzbläser, sowie die Streichinstrumente ihre Töne leihen, kund; um jedoch den Schein der Selbstsucht von sich abzuwälzen, bietet er ihr, mit der Begleitung von Motiv 175 — also vor der Welt gerechtfertigt — an, die „*betrog'ne Frau*" zu rächen „*an Siegfried der dich betrog*". Doch Brünnhilde lacht bitter auf: „*An Siegfried? ... du? Ein einz'ger Blick seines blitzenden Auges, — das selbst durch die Lügengestalt leuchtend strahlte zu mir — deinen besten Mut machte er bangen!*" und dass Hagen's Speer ihm im offenen

II. Aufzug, V. Scene (Textbuch S. 56—62).

Kampfe nichts anhaben wird, sagt ihm das im Horn erstrahlende Siegfried-Motiv (141) Hagen jedoch lässt nicht Textb. ab und erfährt so, dass Siegfried durch den Zauber Brünnhilde's S. 58 unverwundbar geworden ist. Nur im Rücken, denn den würde der Tapfere dem Feinde nie bieten, ist er verwundbar. Das wusste Brünnhilde, und darum sparte sie da den Zauber. "*Und dort trifft ihn mein Speer!*" ruft Hagen. Motiv 172 entwickelt sich hier zum Typus des Mordschwur-Motivs in Motiv 185.

185. (Motiv des Mordschwurs.)
Fag.
Vcl.
Kb.

"*Auf, Gunther*" redet Hagen jenen an "*edler Gibichung, Hier steht dein starkes Weib: was häng'st du dort in Harm?*" Hagen macht ihm klar, dass nur Siegfried's Tod S. 59 ihn nützen könne, und obgleich er noch zögert, stimmt er schliesslich zu, zumal Hagen ihn auf den Ring des Nibelungen und die damit verknüpfte ungeheure Macht, lüstern macht, (Ring-Motiv in Klarinetten und Fagott in Verbindung mit den Synkopen 166) und Brünnhilde selbst es wünscht: S. 60 Siegfried falle (Motiv 175 und das Unheils-Motiv). Um Gutrune S. 61 zu schonen, soll eine Jagd veranstaltet und der Tod Siegfried's dann dem Zahn eines wilden Ebers zugeschoben werden. Wotan als rächender Gott wird angerufen und der Schwur: S. 62 "*Siegfried falle!*" wird nochmals von allen bekräftigt. Das Unheils-Motiv beherrscht von nun ab die Scene, gepaart mit dem Motiv des Mordschwurs (185), welches dieses Ensemble in *ff* abschliesst.

Dritter Aufzug.

Das Vorspiel

zum dritten Aufzug veranschaulicht uns die seinerzeit geplante und nun in Scene gesetzte Jagd. Siegfried's Hornruf (144), der das Vorspiel einleitet, scheint uns anzudeuten, dass Siegfried allen voraus ist. Nachdem das Echo des Hornrufs verklungen ist, antwortet ihm Hagen's Hornruf mit

III. Aufzug, I. Scene (Textbuch S. 63—68).

Siegfried naht, ärgerlich, dass ein Albe ihn von der Fährte **Textb.** des Wildes, das er verfolgte, abgelenkt und irre geleitet **S. 64** habe. Die Rheintöchter, die ihn scherzend anreden, fragt der Held, ob sie ihm etwa den Bären entführt hätten, und diese fragen zurück: *„Siegfried, was giebst du uns, wenn wir das Wild dir gönnen?"* Siegfried, der noch beutelos ist, heisst sie verlangen. Die Rheintöchter bitten um den **S. 65** Ring an seinem Finger, und als dem Helden das Kleinod als Kaufpreis für eine *„Bärentatze"* zu wertvoll dünkt, necken ihn die Munteren tüchtig mit seinem Geiz und tauchen **S. 66** zum Grunde hinab. Doch nachträglich wurmt Siegfried das karge Lob der Nixen. Für geizig will er doch nicht gelten; er ruft sie nochmals an die Oberfläche: *„Ich schenk' euch den Ring!"* Aber nun weisen sie ihn zurück: *„Behalt' ihn, Held,* (Rheingold-Motiv in der Trompete) *und wahr' ihn wohl, bis du das Unheil rät'st, das in dem Ring* (Ring-Motiv) *du heg'st."* Siegfried steckt gelassen den Ring wieder an den Finger, und da die Rheintöchter ihm versprechen ihn von dem Fluch zu befreien, so fordert er sie auf, zu sagen, was sie von dem Ringe wüssten. Nach den Klängen des Unheils-Motivs (gesungen) leiten die Nixen ihre Rede mit dem dreimaligen Ausruf des Namens *„Siegfried"* ein **S. 67** und künden ihm dann, dass er zu seinem Unheil (Ring-Motiv 139 11a und b) den Ring bewahrt, der durch den Fluch, der an ihm haftet (Fluch-Motiv 158) seinem Besitzer den Tod bringt. Auch er werde, und zwar heute noch, fügen sie hinzu, dem Verderben (Unheils- (156) und Götterdämmerungs-Motiv (138, 66b) nicht entgehen. Siegfried missversteht die Warnung der Wasserfrauen gänzlich, indem er glaubt, dass sie ihn, um den Ring zu erhalten, durch Furcht zwingen wollen, ihn von sich zu werfen und beruft sich auf sein starkes Schwert, welches, wie es schon einen starken Speer (nämlich Wotan's Speer, Motiv 135) zerhauen, auch das Seil der Nornen zerhauen werde (vergl. erklärenden Text **S. 68** zu Motiv 142 der Nornen-Scene im Vorspiel). Wie wenig Siegfried das Leben achtet, trotz der Prophezeiung

Motiv 177, dem jedoch das Unheils-Motiv (156), von den Posaunen getragen, vorangeht und folgt. Wiederum schallt Siegfried's Hornruf, dieses Mal mit einer übermütig lustigen Verlängerung; andere Jagdfanfaren lassen sich hören, doch sie verlieren sich in der Ferne, und Motiv 177 repräsentiert die Sorglosigkeit Siegfried's, der im Eifer des Jagens die übrige Jagdgesellschaft verloren hat.

Scene I.

Siegfried ist dem Rheinstrom nicht mehr fern: im $^9/_8$-Takt wogt sein Gewässer auf und nieder, und aus der Tiefe seiner glitzernden Fluten tönen uns Nixenklänge entgegen (186, 187), deren zwei Hauptmotive wir wiedergeben:

Motiv 187 ist dem Motiv 186 sodann vorangesetzt und wird vielfach mit ihm verbunden angewandt. Die Violinbegleitung wird durch Harfenbegleitung ersetzt, und während in der Trompete das Rheingold-Motiv (150) einsetzt, singen Woglinde (tiefer Sopran), Wellgunde (Alt) und Flosshilde (Alt): sie beklagen das Fehlen des Rheingoldes und bitten Frau Sonne, deren Strahlen nun die Tiefe allein erleuchten, sie mögen den Helden senden, der dem Strome den „Stern der Tiefe" wiedergäbe. Und horch! da tönt schon sein Horn...

des Drachens (Textb. z. Siegfried Seite 59), der ihn auch gewarnt habe, zeigt er den Rheintöchtern, indem er, einer alten Sitte gemäss, eine Erdscholle über sein Haupt hinter sich wirft. Erzürnt und entsetzt über den Thoren, der das Gegenteil von dem thut, was ihm frommt — das hehre Gut, das ihm **Textb.** gegeben (Motiv 145), wirft er, ohne es zu wissen, von sich, **S. 69** und den Todes-Ring will er behalten — schwimmen die Rheintöchter davon: *"Leb' wohl, Siegfried! Ein stolzes Weib wird heut' noch dich Argen beerben: sie beut uns bess'res Gehör. Zu ihr! Zu ihr! Zu ihr!"*

Scene II.

Während Siegfried den Rheintöchtern nachschaut und noch Betrachtungen über ihre Schmeichel- und Drohreden anstellt, hört er den Hornruf Hagen's (177), dessen „Hoiho!" durch den Wald schallen und beantwortet beides mit dem eignen Horn **S. 70** (144). Die Aufforderung zu ihnen herabzukommen ruft Hagen mit heuchlerischer Liebenswürdigkeit zu einer, Motiv 175 nachgebildeten Klarinetten-Figur. Siegfried kommt hinab, und indem es sich die Jagdgesellschaft bequem macht verschmelzen Motiv 144, 186, 153 zu munterer Weise. Der Held erzählt auf die Frage nach seinen Erlebnissen, dass er ohne Beute sei, denn *„Wasserwild zeigte sich nur . . . . die dort auf dem Rhein mir sangen, erschlagen würd' ich noch heut'!"* Motiv 185 im Fagott lässt sich drohend vernehmen, und in den Hörnern erklingt das Unheils-Motiv 156. Erschrocken blickt Gunther auf Hagen, der mit einer nichtssagenden Redewendung der Fortsetzung des Gespräches nach dieser Richtung hin die Spitze abbricht. Die **S. 71** Trinkhörner kreisen und Hagen wendet sich an Siegfried mit der Frage, ob er, wie man von ihm erzählte, der Vögel Sprache verstünde? (Die Vogelmelodie aus dem Siegfried S 111e und das Schmiede-Motiv R 8a, mahnen an vergangene Zeiten). Siegfried giebt es zu, doch lange schon

habe er „des Lallens" nicht mehr geachtet. Gunther **Textb.**
schaut trübe vor sich hin, und um ihn aufzuheitern erklärt **S. 72**
sich Siegfried bereit, aus seiner Jugendzeit zu erzählen.
    Der Tondichter lässt nun noch einmal das ganze Leben
und die Thaten des Helden an uns vorüberziehen. Dass
diese Erzählung an Motiven reich ist, liegt auf der Hand,
und da eine namentliche Aufführung derselben zu weit
führen würde, so sollen die Beispiel-Nummern der Haupt-
Motive hier genügen: R 8a, R 24, S 84, 140, S 98,
R 25, S 109, S 111, 161, 147, 145, 156. Es ist als
wollte uns Wagner diese Lichtgestalt als Kontrast-Figur
zu ihrer erbärmlichen Umgebung in ihrem ganzen Glanze
zeigen, sie hoch über alle erheben. — Da der teuflische
Hagen ihm während der Erzählung einen Trank in das
Horn schüttet (161), der die Wirkung des Vergessenheits- **S. 74**
Trankes aufhebt, so erzählt Siegfried auch von der Erweckung Brünnhilde's, der Gunther mit wachsendem Er- **S. 75**
staunen zuhört ... „*Mein Kuss*" erzählt der Held, *er-
weckte sie kühn! — O, wie mich brünstig da umschlang
der schönen Brünnhilde Arm!*" „*Was hör' ich*" ruft
da Gunther entsetzt — und zwei Raben, die Raben
Wotan's, fliegen aus einem Busche auf, kreisen zu dem
Motiv Loge's (149) über dem Haupte Siegfried's und fliegen
dann davon, ihrem Herrn den Anbruch der Götterdämmerung
zu melden. Dass gerade das Motiv Loge's gewählt ist, hat
seinen Grund darin, dass der Brand Walhalls symbolisch
für den Untergang der Götter ist. „*Errätst du auch
dieser Raben Geraun'?*" fragt Hagen .... Siegfried fährt
heftig auf, um, Hagen den Rücken wendend, den Raben nach-
zuschauen ... „*Rache raten sie mir*" und mit dem in **S. 76**
ff niederschmetternden Unheils-Motiv, gepaart mit Alberich's
Fluch, stösst er den Speer dem Helden in den Rücken.
Gunther und die Mannen schreien auf. Siegfried's Heldengestalt aber hebt sich noch einmal hoch empor, der Schild
in seinen Fäusten droht den Mörder zu zermalmen.
Doch Hagen traf gut; — ermattet stürzt Siegfried, dessen

Händen der Schild entfiel, über diesen zusammen. In schauervoller Drastik hat das Orchester diese Vorgänge begleitet, und sinkt nun mit dem Helden machtlos zusammen, indem es zu der Begleitung von 158 in den Posaunen die unheilvollen Klänge des Todverkündungs-Motivs dem Mörder nachsendet, der im Schatten der Dämmerung verschwindet.

Textb. S. 77 Erschüttert umstehen Gunther und die Mannen den Sterbenden, der zum letzten Mal die strahlenden Augen aufschlägt und Brünnhilde den Abschiedsgruss zuruft. Lichte Harfen-Akkorde umschweben den Sang, der sich thematisch zunächst an die Akkorde anlehnt, mit denen Brünnhilde nach ihrer Erweckung das Licht begrüsste, und sodann Motiv 188, den Liebesgruss Brünnhilde's, das Motiv des Liebesjubels (162), das Siegfried-Motiv und das Motiv der Todverkündigung, mit dem der Heldengeist entschwebt, zu ergreifenden Klängen vereint.

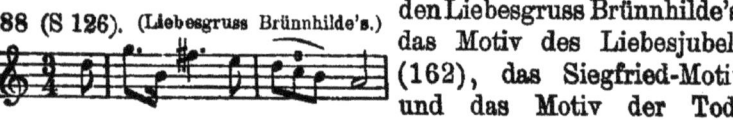

188 (S 126). (Liebesgruss Brünnhilde's.)

Jedes weitere Wort, das fühlte der Tondichter — und wir fühlen es mit ihm — würde jetzt wirkungslos, ja störend sein, und darum tritt hiermit die absolute Musik, die Instrumentalmusik, in ihr Recht, welche an Stelle der Worte Töne setzt, deren Sprache in jedem empfindenden Herzen Wiederhall und volles Verständnis findet. Dieser wunderbar schöne Trauermarsch, während dessen die Mannen die Leiche Siegfried's auf seinen Schild heben, um sie in ernst feierlichem Zuge nach der Königsburg zu geleiten, ist besonders — ganz abgesehen von allen anderen Vorzügen dieser meisterhaften Komposition — deshalb so ergreifend, weil sich in ihm sämtliche Wälsungen-Motive zu einer Apotheose des Würdigsten seines Geschlechtes die Hand reichen: der Wälsungen Leid und Glück gipfelt in der Heldengestalt dessen, den sie beklagen. Das Wälsungen-Not-Motiv beginnt die Trauermusik als Repräsentant des Geschicks der Wälsungen. Dann folgen das Helden-Motiv

189 (W 39). (Motiv d. Wälsungen-Not.)

III. Aufzug, II. u. III. Scene (Textbuch S. 76—78).

der Wälsungen (155), Sieglinde's Motiv (W 34) in Horn und dann in Klarinette und Oboe, Motiv der Wälsungen-Not in Verbindung mit dem Flucht-Motiv (169), das Siegschwert-Motiv (140), Minne-Motiv (191), Siegfried-Motiv (141), Unheils-Motiv (156) und dann sich glanzvoll zu dem Kulminationspunkt des Ganzen emporrichtend wiederum das Siegfried-Motiv und das Helden-Motiv Siegfried's (143), die uns zu sagen scheinen: das Leben und Streben Siegfried's ist doch nicht umsonst gewesen; sein Heldengeist lebt fort und verkörpert sich in Brünnhilde's Liebe zu ihm über seinen Tod hinaus. So ist denn auch Motiv 145, Brünnhilde's Liebe zu ihm, dasjenige Thema, welches vom *ff* im *diminuendo* dem Ende dieser unvergleichlichen Musik zuführt. Das fahle Mondlicht, welches den Trauerzug beleuchtete, verschwimmt allmählich in den dem Strome entsteigenden Abendnebeln, welche die ganze Scene nach und nach einhüllen.

Scene III.

Die Nebel haben sich geklärt. Es ist Nacht, der Mondschein bestrahlt die Halle der Gibichungen, in welche aus ihrem Gemache Gutrune tritt. In der Ferne erschallt gespenstig Siegfried's Hornruf. *„War das sein Horn?"* — Sie lauscht, — doch als Antwort lässt sich nur *pp* das Todverkündigungs-Motiv vernehmen. Schlimme Träume störten Gutrune den Schlaf; ihr war's, als hörte sie Rossewiehern und das Lachen Brünnhilde's . . . . und *„wer war das Weib, das zum Rhein ich schreiten sah?"* (Motiv 145). Es war Brünnhild, deren Kammer, wie sich nun überzeugt, leer ist. Wieder hört sie ein Horn, diesesmal im Tonfall des Hochzeitsrufes. *„Nein"* — *„öde alles!"* — doch . . . . was ist das? Hagen's *„Hoiho!"* dringt durch das Dunkel der

Nacht, begleitet von dem schauerlich in Fagotten, Cello und Bass erklingenden Motiv des Mordschwures 185. „*Hoiho! Wacht auf! Lichte! Lichte! helle Brände! Jagdbeute bringen wir heim!*" Mannen und Frauen kommen von allen Seiten mit Feuerbränden. Gutrune's angstvolle Frage: „*Was geschah, Hagen?*" beantwortet dieser mit der geplanten Ausrede: sie bringen „*eines wilden Ebers Beute: Siegfried: deinen toten Mann!*" Gutrune schreit auf und stürzt über die Leiche, die in der Halle niedergesetzt worden ist. Gunther, der Gutrune tröstend aufrichten will, wird von dieser mit dem Ruf: „*Fort! treuloser Bruder! du Mörder meines Mannes!*" zurückgestossen. Gunther weist auf Hagen als den Thäter. Mit furchtbarem Trotz tritt Hagen herzu und gesteht, dass er ihn erschlagen mit dem Speer, bei dem Siegfried Meineid geschworen habe, und ... als heiliges Beute-Recht fordert er den Ring (Ring-Motiv 139 begleitet diese Scene) von des Toten Hand. Gunther aber verweigert, was i h m verfallen sei, und da Hagen diese Forderung nicht anerkennt, bezeichnet Gunther den Ring als Gutrune's Erbe. Da zieht Hagen, während das Fluch-Motiv Alberich's sich in den Posaunen entwickelt, das Schwert mit den Worten: „*Des Alben Erbe fordert so — sein Sohn!*" und ersticht ihn (Todverkündungs-Motiv) nach kurzer Gegenwehr, ehe die sich dazwischen werfenden Mannen es hindern können. Als jedoch Hagen nach dem Ringe greift, hebt sich mit dem Motiv des Siegsschwertes die Hand des Toten drohend empor .... Entsetzt weicht Alles zurück ... Vom Rheine her aber schreitet Brünnhilde (Motive des Götterschicksals, der Götterdämmerung und der Todverkündung), und weist Gutrune von der Leiche, denn: „*Sein Mannes-Gemahl bin ich, der er ewige Eide schwur, eh Siegfried je dich ersah!*" In heftigster Verzweiflung wird es Gutrune klar, dass sie durch Hagen's List betrogen ward, und in lauten Verwünschungen gegen diesen weicht sie Brünnhilden, **verlässt** scheu des Helden Leiche und beugt sich in stummem Schmerz über die des erschlagenen Bruders, während Hagen,

III. Aufzug, III. Scene (Textbuch S. 78—88).

in finsteres Sinnen versunken, trotzig abseits gegangen ist und dort regungslos verharrt. Nachdem Brünnhilde in tiefer Erschütterung und Wehmut Siegfried betrachtet hat, rafft sie sich auf und befiehlt, einen Scheiterhaufen an dem Ufer des Rheinstromes zu errichten. Das Walküren-Motiv 146 zeigt, dass Mut und Entschlossenheit die Oberhand in Brünnhilde gewinnen. Grane, das Ross befiehlt sie zu bringen, um mit ihm dem Helden folgen zu können (ihr Gesang folgt hier dem Siegfried-Motiv). Auf ihren Wink wird der Scheiterhaufen errichtet, den die Frauen mit Blumen, Kräutern und Decken schmücken. Von neuem ist Brünnhild in dem Anblick der Leiche versunken. Dann aber klärt sich ihr Antlitz und ihr herrlicher Liebesgruss ertönt zu den Worten: Textb. S. 82

> „*Wie die Sonne lauter*
> *strahlt mir sein Licht:*
> *der Reinste war er,*
> *der mich verriet!*
>
> . . . .
> *Echter als er*
> *schwur keiner Eide;*
> *treuer als er*
> *hielt keiner Verträge.* —
>
> . . . .
> *Alles weiss ich . . .*
> *Auch deine Raben*
> *hör' ich rauschen:*
> *mit bang ersehnter Botschaft*
> *send' ich die beiden nun heim.*
> *Ruhe! Ruhe, du Gott!"*

S. 83

Den Motiven des Schwertes, der Todverkündung und dem Walhall-Motiv 134 folgen zu den Worten der letzten Verszeile sich vereinigend, das Fluch- und Götterschicksals-Motiv (158, 138), das Motiv des Rheintöchtersanges und das Walhall-Motiv.

Brünnhilde zieht sodann den Reif von Siegfried's Finger und steckt ihn sich selbst an die Hand. Ring- und Unheils-Motiv, das Nixen-Motiv 187, sowie das Rheingold-Motiv **Textb.** (R 9) ergänzen die nun folgenden Worte, mit denen **S. 84** sie gelobt, den verfluchten Ring, wie die Rheintöchter ihr geraten, dem Strome zurückzugeben, nachdem Loge's Lohe ihn vom Fluche geläutert hat. Vom Ufer sind die Boten Wotan's, die zwei Raben, aufgeflogen, und die Heldin sendet sie zu Wotan an Brünnhilde's Felsen vorbei, um Loge, der dort lodert, nach Walhall zu weisen, *„denn der Götter Ende dämmert nun auf:* (Götterdämmerungs- und Nornen-Motiv 136 u. 132). *So — werf ich den Brand in Walhalls prangende Burg."* Das im *fortissimo* abwärts steigende Walhall-Motiv geht in das Ring-Motiv (139) über, doch das aufzüngelnde Element Loge's schlägt über ihm zusammen, denn Brünnhilde hat einem der Mannen eine Fackel entrissen und in den Holzstoss geschleudert. Grane **S. 85** wird herbeigeführt. Das Walküren-Motiv (146) sagt es uns: sie ist sich wieder ihrer göttlichen Abstammung bewusst; sie erlöst vom Fluche Gott und Welt, um der Liebe willen zu ihm, dessen Motiv die Flammen durchdringt. . . . Sieg-
S. 86 fried ruft sie! Ihre Schlussworte durchzieht das Motiv der Liebesallgewalt (192). Dann schwingt sie sich auf das Ross und sprengt unter dem Walküren- und Ritt-Motiv mit dem Ausruf:

„Heiaho! Grane!
Grüsse den Freund!
Siegfried! Siegfried! Sich'!
Selig gilt dir mein Gruss

in die Flammen. Prasselnd steigt der Brand auf, so dass die Umstehenden zurückweichen. Der Rhein ist währenddem mächtig angeschwollen und wälzt seine Fluten über die die Brandstätte. Seinen Wogen aber enttauchen die Rheintöchter (Motiv 186 u. 187), um den Ring an sich zu nehmen. Hagen, der mit wachsender Unruhe die Vorgänge beobachtet

III. Aufzug. III. Scene (Textbuch S. 83—86).

hat, stürzt sich beim Anblick der Rheintöchter mit dem Rufe: *„Zurück von dem Ringe"* (Fluch-Motiv in den Posaunen) in die Flut .... Sie ziehen ihn in die Tiefe. Das Motiv bricht ab und versinkt mit dem Albensohne und der Macht der Nibelungen. Flosshilde aber hält jubelnd den gewonnenen Ring in die Höhe. Männer und Frauen schauen in sprachloser Erschütterung dem Vorgang zu und gewahren am Himmel die Gluten, die Walhalls Zusammenbruch: den Untergang der Götterwelt verkünden. Zum letzten Male leuchten das Walhall- und das Siegfried-Motiv empor. Doch über lichten Harfenklängen schwebt als Schluss der Tragödie das Motiv der Erlösung, das Motiv der Liebesallgewalt.

192 (Motiv der Liebesallgewalt.)

Nur die Allgewalt der Liebe vermochte diesen Sieg des Realismus über den Materialismus zu gewinnen. Sie nur, die Götter und Menschen verband, vermochte den Fluch zu brechen, die Schuld zu sühnen, die dem Egoismus der Götterwelt entkeimte. Denn nur sie ist als wahre Liebe selbstlos und existiert als solche nur um ihrer selbst willen. Allein nur s i e kann an Stelle der untergegangenen Götterwelt als Weltbeherrscherin thronen, denn sie baut, wie Meister Wagner in seinem erhabenen Drama uns von Neuem gezeigt hat, das Leben des Einzelnen, gleichwie sie gründet, erhält und regiert das Leben des Alls. —

Adolph Pochhammer.